中國歷史報

隋唐五代十國

U0106971

主編　李樹芬
　　　譚海芳

編寫　吳旦旦

中華書局

致讀者

隨着社會的飛速發展，傳遞信息的報紙品種也越來越多，林林總總、琳琅滿目，但現代人看到和聽到的信息很多，反倒不覺得新鮮了。不過，古代發生的好玩兒的，有意思的事兒，現代人沒有親歷過，如果從當事人的嘴裏說出來，會不會覺得很有趣呢？

其實，古時候和現在一樣，也有很多「新聞」。那時的調皮小孩也會逃學、打架、捉迷藏、玩遊戲。只是那些事情離我們漸漸遠去，很少有人對現在的你講起。歷史課上，老師要我們背誦的只是一些枯燥乏味的年代、數字、人名和名詞解釋，諸如唐朝於 618 年建立，在 907 年滅亡；老師只關心我們能否把唐太宗的豐功偉績背得滾瓜爛熟，在答卷上得個高分。可有誰知道那些好玩兒的事兒呢？例如，在唐朝，唐太宗最愛「照鏡子」、第一大美女竟胖得像水桶、皇帝有個野蠻女友；在明朝，大臣可以在皇帝面前打群架、皇帝有私人警察 —— 錦衣衛、太監竟把皇帝賣給了敵國……

現在，這些趣事都作為新聞登在了《中國歷史報》上。

《中國歷史報》每個朝代都有一份，每份都報道名人的趣事、歷史上發生的新鮮事兒、皇帝鮮為人知的家長里短、宮廷裏的鉤心鬥角，以及一些令人難解的歷史謎團……

《中國歷史報》上還有一些有趣的小欄目：「新聞快報」「記者述評」「娛樂八卦」「廣而告之」「百姓生活」……

可不要小瞧《中國歷史報》的編輯和記者們，他們都是每個朝代的名人呢！他們會給我們帶來最真實、最詳盡的新聞和報道。當然，《中國歷史報》也會刊登小讀者和普通老百姓的來稿。所有的新聞都來自「第一現場」，根據「第一手資料」得來。這些新聞每一則都風趣幽默，能引得讀者開懷大笑，因為《中國歷史報》編輯部的辦刊宗旨就是：把歷史事件寫成好玩兒的故事，容易理解、便於記憶，以喚起小讀者對學習歷史的興趣。

　　有趣的歷史故事都彙集在《中國歷史報》中，走進這個熟悉又陌生、令人驚奇又發人深思的歷史世界，你將感到無窮的快樂。

　　《中國歷史報》真是一份好看的報紙。好看在哪裏？它把歷史寫成了新聞。這樣一來可不得了，大臣成了爆料人，皇帝成了八卦對象，戰爭上了快訊，大事有了深度報道，拗口的專有名詞則化身為「時政辭典」裏推廣普及的熱詞……一句話，嚴肅到近乎沉悶的歷史一下子緊張活潑起來，充滿了新聞激動人心的特質。想想看吧，大名鼎鼎的趙武靈王做訪談嘉賓，和你一起聊聊穿胡服的好處，都江堰的驗收報告上了科技資訊，陰謀家呂不韋現身說法，來和你談風險投資，賢良的長孫皇后、和親的文成公主、孝順的晉陽公主都榮登大唐耀眼女性榜，翰林院的大臣們還為此搞了一個特別策劃，在「三八節」集中報道……你見過這麼有趣的歷史嗎？

　　有趣可不是《中國歷史報》的唯一好處。它的第二個好處是可靠。就像我們今天看新聞，誰都知道負責任的媒體和娛樂小報大不相同，看古代的新聞，更是容不得為博眼球而胡編亂造。在可信度上，《中國歷史報》絕對屬於負責任的媒體。它一共八本，按時代先後分成先秦、秦、兩漢、三國兩晉南北朝、隋唐五代十國、宋元、明、清八部分，每本書裏講什麼、怎麼講，可都經過了編者的精心安排。怎麼安排呢？第一原則是突出時代主題。比如秦朝這一本，它由七大部分組成，第一部分變法圖強，第二部分合縱連橫，第三部分橫掃六合，第四部分千古一帝，第五部分揭竿起義，第六和第七部分都是楚漢爭雄。把目錄讀下來你就會發現，這不正是從戰國開始一直到秦朝滅亡的歷史進程嗎？變法圖強讓秦國強大，合縱連橫則是因為秦國強勢而產生的激烈外交鬥爭，橫掃六合是秦國

的統一歷程，千古一帝則對應着秦國變為秦朝這一千古變局和秦始皇的巨大成就，揭竿起義是秦末危機，而楚漢爭雄則對應着在諸侯滅秦的基礎上如何建立新時代。翻開書目，歷史大勢就已經躍然紙上，時代特質也了然於胸，這樣的歷史讀物，可比那些專講奇聞異事的書籍強多了。

除了突出時代主題之外，《中國歷史報》還力求全面反映時代風貌。以往的歷史書不都是政治主導嗎？《中國歷史報》的眼光可要開闊得多。就拿第一章變法圖強舉例子吧，除了三家分晉，各國變法之外，竟然把河伯娶媳婦、扁鵲見齊桓侯、鄒忌諷齊王納諫等故事也都寫了進去。要知道，這可不是一般的小故事，它對應着地方治理、醫學進步和謀臣縱橫這樣的大主題。舉重若輕，讓人在妙趣橫生之中長了見識。

每種書當然都有它的預期讀者。《中國歷史報》的第三個好處就是定位清晰。什麼定位呢？中小學生。價值導向考慮中小學生，表達方式貼近中小學生，欄目設置向中小學生傾斜，還有知識測試來檢查中小學生們的讀報成果⋯⋯不拔高，不降低，不長不短不肥不瘦，恰如量身定做。有了這種量身定做的態度，中小學生讀者們就不至於有閱讀成人讀物的違和感啦。確實，如今嚴肅的歷史書不大討中小學生喜歡，通俗的歷史讀物又往往是寫給成年人的，雖然好看，但是內容設定、寫作風格乃至價值判斷都未必適合未成年人，這樣的讀物拿給孩子看，家長們難免惴惴不安吧。如今，《中國歷史報》回應社會需求，專門打造一套適合青少年閱讀的歷史普

及讀物，算是特別的愛給特別的你，想想看，是不是有很貼心的感覺？

歷史講的是過去的事情，但它永遠面向未來。孩子當然是不折不扣屬於未來的，但他們和她們，也都繼承着來自祖先的古老基因，無論是血統，還是文化。歷史是土壤，孩子是花朵。土壤是花朵生存的養料，花朵是土壤存在的意義。那《中國歷史報》呢？希望它成為花朵和土壤聯繫的紐帶吧！

蒙曼

1 隋唐交替

五八一年～六二六年

2 貞觀之治

六二六年～六四九年

3 武周代唐

六四九年～七〇五年

4 開元盛世
七〇五年～七五五年

5 安史之亂
七五五年～七六二年

6 大唐衰落
七六二年～八〇五年

7 元和中興

八〇五年～八二五年

8 會昌中興

八二五年～八四七年

9 宣宗之治

八四七年～八七三年

10 大唐末日
八七三年～九○七年

目錄

增刊 五代十國
九○七年～九六○年

隋唐交替

五八一年～六二六年

◎隋朝末年，隋煬帝楊廣驕奢淫逸，榨盡民脂民膏。

◎此時天下大亂，各路起義軍風起雲湧。

◎裝瘋賣傻的李淵，又是因為何事才毅然決然造表哥的反？

◎李淵又是如何招攬天下英雄，成功奪取了隋朝的整個江山？

◎大唐開國功臣劉文靜為何被殺？他在哀歎什麼？

◎請翻開本報第一期──「隋唐交替」，精彩即刻呈現。

楊廣奪得太子位

　　隋文帝楊堅有五個兒子，其中大兒子楊勇被立為太子。但老二楊廣一直心有不甘，總想着有一天自己能坐上皇位，而且一副胸有成竹的樣子。本報經多方調查，了解了一些楊廣的作為，現在為你一一道來——

　　前段時間，眾人一致反映楊廣有以下種種優點：

　　智勇雙全。楊廣頗有功勞，不僅滅掉了陳朝，還曾擊退突厥人。

　　更加難能可貴的是：楊廣體貼士兵，從不擺皇子的架子。

　　艱苦樸素。楊廣每次去拜見爸媽，總是穿得很破爛，衣服上滿是補丁。

　　才氣過人。詩作《春江花月夜》一經問世，便獲得無數好評。閒時他還邀請楊素等名人到家裏談古論今。

　　這樣的人才不當太子，豈不是太可惜了？於是，在眾多好評的推動下，楊廣成功地戰勝哥哥楊勇，當上了太子。

隋文帝楊堅逝世

　　604 年，隋朝開國皇帝——隋文帝楊堅逝世。楊堅，漢族，弘農郡華陰（今陝西省華陰縣）人。漢太尉楊震十四世孫。他在位期間，成功地統一了近三百年嚴重分裂的中國，偃武修文，發展文化經濟，把中國建

設成為強盛之國。文帝在位期間，疆域遼闊，人口達七百餘萬戶，降服北方遊牧民族突厥，被尊奉為「聖人可汗」，創造了人類歷史上農耕文明的巔峰時期。在西方人眼中，楊堅是最偉大的中國皇帝之一。

記者述評　楊廣是超級敗「家」子

楊堅辛辛苦苦創立隋朝，勤勤懇懇維護天下太平，在位二十四年，沒過上幾天輕鬆日子，終於給兒子留下一個國富民強的局面。

那麼，他的繼任——楊廣又是怎麼做的呢？

楊廣繼承皇位後就變了樣，不到幾年工夫，就把偌大一個國家給敗完了。

他一反以往的樸素作風，花錢似流水，大興土木，修長城，還開發了一條歷史上罕見的「水上高速公路」—— 大運河，將錢塘江、長江、淮河、黃河和海河連接起來，方便了南北交通。文帝留下的都城長安，他不喜歡，派人在洛陽另建了新都，還修了個私人花園——西苑。他聽說江南景色好，就多次帶着大臣和宮女，浩浩蕩蕩地乘坐大船去江南旅遊，風光極了。

除此之外，他為了拓展疆土，和鄰國突厥、吐谷（音同玉）渾以及南方的林邑（今越南中南部）輪番交戰。後來為了清除遼東邊患，又三次征伐高句麗，但因路途遙遠，高句麗沒打下來，反而把大隋拖垮了。他的這些大動作，從長遠看雖然有利於國家，但沒有把握好節奏，導致勞民傷財，把百姓推入了水深火熱之中。

今天，你起義了嗎

楊廣（隋煬帝）濫用民力，縱情聲色，使得百姓們苦不堪言，只能揭竿而起。據不完全統計，全國上下的起義部隊多達百餘支。現在來看本報記者從各地發回的報道：

洛陽：禮部尚書楊玄感起兵！

皇帝猜忌，讓楊玄感內心不堪忍受。在皇帝楊廣又一次出兵高句麗時，他負責督糧，於是趁機打出「解天下倒懸之急，救黎民之命」的旗號，替天行道起來。

> **麻辣點評：**
>
> 楊玄感起義，強烈刺激了楊廣脆弱的神經。連高官也開始反對自己，這還真是一件十分棘手的事啊！

亳州城父（在今安徽）：這裏有一支「食人」部隊！

這支部隊多達二十萬人，首領叫作朱粲。每攻下一座城市，朱粲就會命人將當地的婦女和幼兒抓來蒸熟，當成糧食分給士兵吃。他還自稱是「人肉美食家」，大言不慚地與他人談論人肉的美味，實在是令人髮指。

> **麻辣點評：**
>
> 當時大人都用朱粲來嚇唬小孩子：「再不聽話，朱粲就來了！」後來，朱粲被秦王李世民殺死。老百姓用石頭把他的屍體砸成肉餅，以宣洩心中的憤恨。

瓦崗寨（今河南滑縣南）：這是一支訓練有素的軍隊！

在全國的起義隊伍中，知名度最高、影響力最大、最具實力的是翟讓領導的瓦崗軍。他們佔據了大糧倉，每天都有不少人來投奔，而且還有單雄信、徐世勣（同績）以及智多星李密等江湖豪傑的加盟。除此之外，這支隊伍訓練有素，行軍打仗有勇有謀，一點兒都不像落草為寇的強盜。

麻辣點評：

　　這支軍隊，沒錯，可以稱為軍隊了，因為它已經發生了質的變化，和其他造反的烏合之眾不同，足以和政府軍抗衡了。

楊廣自述　我的黑名單

天下的起義軍此起彼伏，真是讓人頭痛不已。最讓人鬱悶的是那些江湖術士、尼姑和尚，還有所謂的世外高人，動不動就預測，說誰誰誰才是最後的贏家。

哼，凡是被人看好的隊伍，我統統都拉進黑名單，作為重點打擊的目標。

這陣子，民間都在流傳這句話：「楊氏將滅，李氏將興。」大將軍李渾和太原留守（官名）李淵自然就成了眾人關注的焦點。他們既有實力，又有聲望，只要振臂一呼，後果將不堪設想。哼，我當然不會放過他們。

你說什麼？李淵是我的表兄弟，他為隋朝立下了汗馬功勞，我不應該懷疑他？這些都沒錯，但是，要我放他一馬，沒那麼容易。誰要想搶走我的東西，就必須付出代價！

李淵起兵

　　李淵一開始並沒有想過要造反。他和楊廣是表兄弟，估計小時候還在一起光屁股玩過。但是社會上的流言使得神經質的楊廣開始懷疑起李淵來了，立馬下令召正在外地的李淵回京。李淵又不傻，料想到沒什麼好事，於是裝病不回。但裝病也不是長久之計，於是李淵想了另外一招，每天喝得爛醉，把自己扮成一個成不了氣候的紈絝子弟。

　　這下楊廣終於放心了，便派他去山西鎮壓起義部隊。李淵於是趁着這個機會籠絡了不少人心。投奔李淵的人也多了起來，大家有錢出錢，有力出力，有人出人。

　　世道這麼亂，自己又有這麼多的人馬，李淵的兒子李世民就想趁混亂之際，拋開楊廣起兵，而李淵假裝死活不同意，說造反風險很大，弄不好，全家的腦袋都要賠進去。沒辦法，李世民只好請來眾多說客，天天對着李淵又是擺道理，又是用計策，李淵一看人心向背，終於半推半就地同意了。

　　這時，楊廣忽然要治李淵的罪，原因就是李淵鎮壓起義部隊不力，打仗打輸了。李淵趕緊召集自己的智囊團——李世民、裴寂、劉文靜，問他們怎麼辦。這三個人覺得要先發制人，乾脆打出旗號，直接起義造反。

　　李淵沉默良久，終於咬牙下定決心，一拍桌子，高呼：「大計決矣！」從此走上了起義的道路。

（選自《李淵起兵始末》）

群雄 PK 賽

各路反隋勢力，除了要對付政府軍之外，彼此之間也爭鬥不休，此時是朋友，彼時又變成敵人。那麼，在這場關係複雜的群雄 PK 賽中，誰是最出色的呢？讓我們一起拭目以待吧。

李世民 VS 薛舉、薛仁杲

在李淵佔領長安之時，隴西的薛舉也在向關中進發，被李世民打得狼狽逃回。但當薛舉再度來犯時，反而是李世民的唐軍遭受慘敗。薛舉在正要直取長安之時暴卒，兒子薛仁杲（音同稿）繼位。

面對彪悍的薛軍，李世民堅壁不戰六十餘天。而薛仁杲有勇無謀，不得人心，糧草快吃完了，部下也有背叛。這時，李世民派部下發動進攻，與薛軍驍將宗羅睺大戰於淺水原，李世民本人率勁卒出其不意，大敗宗羅睺。

在野戰勝利之時，李世民不待大軍集合，只帶幾十騎兵迫近薛仁杲駐紮的折墌城。雖然李世民此舉很危險，但薛仁杲還在蒙圈狀態中，既不能收攏敗兵，也沒有率軍逃走。城中人心慌亂，待到第二天大軍合圍，薛仁杲就投降了。

李世民 VS 劉武周、宋金剛

劉武周聯結突厥，攻佔了李唐的起家基業太原！唐軍的諸路人馬相繼敗給宋金剛，整個并州看起來都難以保住。這時李淵又讓李世民出馬了，還給了他關中的全部兵力。

李世民跨過黃河，屯駐在柏壁，堅守不出，同時在分戰場擊敗宋金剛的部下。部將們請求出戰，李世民分析說：「劉武周的兵力全在宋金剛這裏，後方空虛，敵軍利在速戰，我們則應該堅守蓄銳以挫敵鋒芒。」宋金剛糧道過長，士卒飢餓，果然撤退了。李世民率軍急追，於雀鼠谷一日內八戰，擊敗了宋金剛。

宋金剛帶剩下的兩萬人逃至介州，背城而陣，追來的唐軍作戰不利，陣型後退，這時李世民看準時機，攻擊宋金剛陣後的漏洞，一錘定音，失敗的劉武周和宋金剛都逃到了突厥。

李世民 VS 王世充、竇建德

王世充佔據的洛陽是堅固的大城，擁有着過去隋朝的精銳軍隊，連兵強馬壯的李密，也一不小心栽在王世充手上。在擊敗了隴西和并州的強敵後，唐軍出關進攻洛陽。

王世充幾次出戰，都被李世民擊敗，同時周圍的州縣、堡壘也投降或者失陷。面對堅固的洛陽城防，唐軍築起塹壕營寨進行圍困，王世充日益孤立。

這時，河北的竇建德不能坐視唐軍擴張，率十餘萬人馬前來救援。李世民帶領精兵支援虎牢關，留下大軍繼續圍困洛陽。在虎牢關下，李世民又拿出拖垮敵人的老套路，竇建德寸步難進，反而在小戰鬥中失利，糧草也被襲擊。

相持二十餘日，竇建德列陣尋求決戰，聲勢浩大，李世民觀其陣勢，自早晨等到中午，竇軍越發懈怠，李世民親率精騎突擊，衝亂竇軍，竇建德大敗被擒。

李淵當皇帝啦

親愛的讀者，您現在看到的朝代，已經改朝換代，不叫隋朝啦！它有一個新名字，那就是——唐朝。就在今年（618年）五月，李淵正式稱帝，改國號為「唐」。現在，讓我們來回顧一下李淵當上皇帝的過程吧。

617年，李淵到太原上任，鎮壓農民起義，上演了出色的「太原剿匪記」，贏得了大家的支持。

李淵的成功讓楊廣寢食難安。他派去奸細，準備暗殺李淵，但是李淵先發制人，把那個奸細殺死了。

年底，李淵帶着軍隊打到長安，立楊侑為皇帝。幾個月後，李淵廢掉楊侑，自己稱帝，建立唐朝，定都長安。

這個消息會引起人們什麼樣的反應呢？請看本報做的調查：

支持者（佔85%）：

我們都是李淵的粉絲，強烈支持李淵。楊廣好大喜功，簡直不把咱百姓當人看，只會讓我們去打仗、建房子、修運河；而李淵一當上皇帝，就廢除了很多不合理的政策。李淵，我們很看好你嘍！

反對者（佔10%）

我們很為楊廣感到惋惜。其實，他是非常有作為的皇帝，年僅二十歲就能統率大軍，完成國家的統一；繼位後又修建大運河，帶動了兩岸城市的經濟發展，還打通絲綢之路，發展了中外貿易；開創科舉，使窮人可以通過讀書出人頭地……總之，可惜啊！

無所謂者（佔5%）

只要有飯吃，有衣服穿，不打仗，我就很幸福，誰做皇帝我們都無所謂。

鳥盡弓藏

編者按 💬劉文靜，字肇仁，是李淵太原起兵的第一謀臣，後又屢立軍功，被封為魯國公。

李淵做皇帝後就變了。想當年，他瞻前顧後不敢造反，差點錯過了千載難逢的好機會，還是我幫着他的兒子李世民出主意，逼着他起兵，在大大小小的戰爭中給他出了不少的好主意，還介紹了很多人給他認識。沒有我，他就不可能有今天。

這些年我吃過的苦，立下的功勞，還有誰能相比呢？可是李淵看到裴寂是他的老鄉，就把裴寂的地位安排在我之上，這口氣我怎麼咽得下？

有一天，我和弟弟劉文起在一起喝酒，喝多了些，想起裴寂，我再也忍不住了，便拔出劍大喊道：「有機會我一定要殺了裴寂這個老家夥！」不知道是誰聽到了這句話，跑去告訴了李淵。

李淵為此勃然大怒，竟然把我抓去關了起來，還對大臣們說：「劉文靜這樣說，分明就是想造反！」

斬

這真是「高鳥盡，良弓藏；狡兔死，走狗烹」啊！

雖然我說這樣的話不對，但是那也只是我酒後隨口說說的氣話！我並沒有真的去殺裴寂呀！

很多了解我的大臣都為我求情，說我只是心裏不舒服，並不是真的想造反。可是李淵不依不饒，非要判我死刑。哼，李淵是個說話不算數的家夥。他曾經下過一道詔書，說：「秦王李世民以及裴寂和劉文靜是大功臣，不管他們犯下什麼樣的錯，都有兩次免死的機會。」

可我這還是第一次犯錯呢，他就不把那詔書當回事了。依我看，這還真是像古時候人家說的那樣「飛鳥盡，良弓藏」，等我們幫他把敵人都消滅了，就輪到我們遭殃了。

編者後記 💬619 年，李淵聽信裴寂讒言，下旨將劉文靜、劉文起兄弟雙雙殺害，並抄沒其家產。劉文靜臨刑之前，拍着胸口長歎道：「『高鳥盡，良弓藏。』果非虛言！」時年五十二歲。

情感專題　兒子們的成績單

雖然兒女眾多，但說起我最喜歡的，那還是和竇皇后生的四個兒子：老大李建成、老二李世民、老三李玄霸、老四李元吉。這四個兒子都特別優秀，每次一看到他們，我就什麼煩惱都沒有了。

還記得建成出生時，我比得到了什麼寶貝都高興，第一次聽到他叫我爹時，眼眶竟然有些濕潤。這些年，建成跟着我東奔西跑，吃過不少苦，也長了不少見識。大臣們都說他溫和謙虛，是個能成大事的人。

世民是我的驕傲。這孩子有勇有謀，遇到什麼問題，我都會和他商量，因為他想得比我周到。當年他勸我起兵反隋，和我不謀而合，真讓

我喜出望外。在他身邊，有很多誓死追隨他的人。如果他是老大，我一定會毫不猶豫地將太子之位傳給他。

三兒子玄霸雖然長得瘦小，但是天生力氣很大，單手可以舉起沉重的大鼎。可惜這孩子命薄，十六歲就死了。當知道這個消息時，我傷心得差點就暈倒了。

老四元吉和大哥建成的關係最要好。我想，如果以後我把皇位傳給建成，元吉一定會好好輔佐他大哥的。

如今我做了皇帝，身邊又有這幾個優秀的兒子，已經沒有什麼不滿足的了。我希望他們哥仨一直這麼團結，把唐朝永遠延續下去。

（摘自《李淵日記》）

1. 隋朝的第一個皇帝是誰？

   A. 楊堅　　B. 楊廣　　　C. 楊勇

2. 誰是唐朝的創建者？

   A. 李淵　　B. 李世民　　C. 李建成

3. 李淵做了皇帝之後，立誰為太子？

   A. 李世民　　B. 李建成　　C. 李元吉

答案：1.A　2.A　3.B

2

貞觀之治

六二六年～六四九年

◎ 在皇宮的玄武門，究竟發生了什麼事，導致皇帝李淵提前退位？

◎ 唐太宗李世民的個人魅力有哪些？少數民族為何會尊稱他為「天可汗」？

◎ 為什麼唐朝的官員都想把自己的畫像掛在凌煙閣裏？

◎ 為什麼一個大臣竟能讓皇帝懊惱得吐血，最後還得讓他三分？

◎ 更多好玩兒的故事，盡在本報第二期——「貞觀之治」。

玄武門兵變

今天在玄武門發生了一件大事，秦王李世民射殺了自己的親哥哥，也就是當今太子李建成。消息一出，全國一片嘩然，所有媒體都展開了跟蹤報道。現在我們去採訪一下現場目擊者。

李世民的馬夫

秦王李世民少年得志，長得又帥，武功也好，推翻隋朝的時候更是聲名大振。精英人士都爭着巴結他，走在路上都有人找他簽名。這讓他哥李建成恨得牙癢癢，做夢都想幹掉他。最終李建成聯合弟弟李元吉，準備把夢想變成現實。李世民平常也從沒閒着，招攬了一大批文武人才，他先發制人，除掉李建成。

常何
（宮城北門
——玄武門執行
禁衛總領）

我是玄武門的門衛，本是太子李建成的人，但是秦王李世民平日對我很好，暗中送我不少東西。日子久了，李世民的個人魅力征服了我，於是我成了他的臥底。玄武門事變之前，他叫長孫無忌和尉遲敬德各帶了一支精兵，埋伏在玄武門外，準備跟李建成鬧翻。當時我就睜一隻眼閉一隻眼了。

玄武門當值宦官

李建成今天出門應該是沒有看皇曆。皇曆上明明寫着「忌出行」，他可倒好，一大早就帶着李元吉，騎着馬準備進宮去看他爹。走到玄武門的時候，忽然覺得不對勁兒，正準備回去，李世民不知道從哪裏冒了出來，大叫一聲：「殿下，別走！」李元吉回頭一看，好呀，這李世民帶着家伙是來打架的，於是他馬上拉開弓，準備射殺李世民。誰知道關鍵時刻，他緊張起來，連着射偏了好幾箭。李世民倒是毫不含糊，一箭就射中了哥哥李建成。緊接着，尉遲敬德也帶兵趕到了，幾下就把李元吉給解決了。

兵變發生之後不久，大唐新聞部舉行了記者招待會。皇宮新聞發言人說：「皇帝李淵知道了這件事之後，覺得非常痛心。他決定提前退位，把皇位讓給李世民。」

頡利自述　失敗的搶劫計劃

聽說唐朝換了一個新皇帝，原來的老皇帝李淵退位了，他兒子李世民接了班。現在長安一定是亂哄哄的，好啊，現在正是我們突厥進攻的好時機。最近天氣不錯，帶着軍隊去唐朝的邊境騷擾一趟，順便搶些東西回來！

說幹就幹，我帶着十萬軍隊，一路唱着歌到了渭水便橋。先派執失思力去給李世民送個信兒。他聰明的話，就乖乖地送些東西給我，不

然，我可就不客氣了。誰知道李世民不吃我這一套，把執失思力關起來不說，還帶着人過來和我談判。我一看這傢夥膽子不小，而且後面還跟着那麼多部隊，要是真的打起來，我們未必能佔到便宜。好漢不吃眼前虧，更何況，李世民還答應每年都送金銀財寶給我們。想想我們也賺到了不少，還是回家去吧。於是，我們在便橋上殺了一匹白馬，雙方簽了一個互不侵犯的條約，然後我就帶着部隊回家了。

太宗自述　好皇帝要全面發展

大唐的子民們，我是你們的皇帝李世民。不要以為當皇帝很風光，其實要做一個好皇帝，還真不是那麼容易的，必須德、智、體、美、勞全面發展。

就拿我來說吧。在品德方面，我盡力做到最好。有些人一開始不支持我，甚至反對我，還和我打架，但是我都不記仇，更加不會因為自己是皇帝就為難他們。比如說魏徵，他以前幫我哥哥李建成出主意，還建議盡早殺掉我。現在他做了我的大臣，老是說我這也做得不好，那也做得不好，雖然有時候很生氣，但我還是會耐着性子接受他的意見，因為他說的基本都是對的。

再說智力方面，我把整個國家治理得井井有條就是最好的證明。這幾年人口增加了，經濟也增長了，沒有什麼戰爭，百姓生活得也更加幸福了。有空的時候我也寫寫詩，大家都說我寫得不錯。最近出版的《大唐詩選》第一首就是我寫的《帝京篇十首·其一》。

體育更是我的強項。長年在外面打仗，刀槍可不長眼睛，一不小

心就會受傷，甚至死亡。在這種環境中，體育鍛煉是非常必要的。玄武門事件中，就是因為我體質好，箭法準，心理素質也不錯，這才贏了我哥哥。

別以為我只是打仗厲害，在藝術鑒賞方面，我也是眼光一流。我很喜歡書法，尤其對王羲之的字情有獨鍾，還經常在家模仿練習，一有時間就和書法家虞世南一起學習討論。有時候，我還會寫一些字送給我的大臣。

至於勞動就更加不用說了。每天處理那麼多的文件，除了自己國家的事情，還有很多國際關係需要面對，可我從來不叫苦嫌累。

我覺得我是一個全面發展的皇帝，你們覺得呢？

考試小貼士

　　科舉考試是我們唐朝一年一度的大事。在這裏，記者給大家奉上一份考試的小貼士，以供考科舉的學子們參考。

　　科舉考試分為兩個階段。第一個階段是常科考試，由禮部侍郎主持。考中的第一名被稱為「狀元」或者「狀頭」。皇帝會在杏園為考中的考生舉行宴會，稱為「探花宴」。參加完宴會之後，這些考生還要到慈恩寺的大雁塔去題名、寫詩，以示紀念。

　　這些考生還會由皇室贊助，騎着高頭大馬去長安街頭遊行一圈，讓大家都來認識認識今年的新科狀元。這是非常光榮的事兒。

　　別以為通過了常科考試就可以去做官，要想當官還得通過第二個階段的吏部考試。如果這一關沒過，那對不起，做官你暫時是沒有希望了。不過，你可以去高官門下做幕僚，讓大家慢慢認識到你的才能，然後再推薦你做官。

作詩互嘲

　　有一次，皇帝舉行大 party，叫所有的大臣都來參加。光吃飯喝酒多沒有意思呀，還是要玩兒一些遊戲，於是李世民（唐太宗）就說：「大家互相寫詩來調侃一下別人吧！」

　　官員們都很有才，寫詩自然不在話下。很快，長孫無忌就寫了一首

詩，笑眯眯地說要送給歐陽詢。大家湊過去一看，只見詩是這樣寫的：「聳膊成山字，埋肩不出頭。誰家麟閣上，畫此一獼猴。」歐陽詢是個書法家，字寫得非常好，但是人長得很醜，像一隻大猴子。大家看到這首詩寫得很形象，都大笑起來。

歐陽詢不示弱，也提筆寫了一首詩，回送給長孫無忌：「索頭連背暖，漫襠畏肚寒。只因心溷溷，所以面團團。」嘲笑長孫無忌是個大胖子。但是這首詩最後兩句的意思是：因為你的心是骯髒的，所以你才會變成這個大餅臉。這話有點說長孫無忌心地很壞的意思，當時的氣氛就有些尷尬了。

李世民一看形勢不妙，非常聰明地說了一句：「歐陽詢你這樣說，不怕長孫無忌的妹妹長孫皇后聽到嗎？」這個時候把長孫皇后抬出來，非常智慧地化解了尷尬。

特別策劃　大唐的耀眼女性

長孫皇后：功勳章也有你的一半

李世民連續多年高票當選「大唐魅力先生」的光榮稱號，這個榮譽可有着他老婆長孫皇后一半的功勞。

長孫皇后是長孫無忌的親妹妹，最擅長的就是以柔克剛。魏徵是個出了名的倔驢脾氣，一天不挑李世民的毛病就不舒服，說話也不知道拐彎兒，看見皇帝有什麼做得不好的地方，不管周圍有沒有人，當場就指出來，經常把這位皇帝鬧個大紅臉。李世民氣不過，好幾次想殺了魏徵

解恨，每次都是長孫皇后好言相勸，李世民才放魏徵一馬。

長孫皇后的日常工作除了當好皇后以外，還堅持看書寫作，甚至在早晨梳頭髮的時候，也要瞄幾眼書。她組織編寫了三十卷《女則》（相當於女子行為準則）。工作量非常之大，但她沒有一點埋怨。雖然身為唐朝第一夫人，但是她不喜歡奢華，衣服也很少穿名牌。後來生了重病，臨終前還對李世民說：「我死了之後，不用吹吹打打地大操大辦，國庫的錢要省着花。」

文成公主：豪華的世紀婚禮

今天全國放假一天，舉國上下一片歡騰，大家都爭相去給出嫁吐蕃贊普松贊干布的文成公主送行。

為了娶文成公主，松贊干布可是費了九牛二虎之力。當時他興沖沖地派人來唐朝求婚，可李世民當場就拒絕了。惱羞成怒的松贊干布給李世民出了道選擇題：「A. 給人；B. 打架。」這傢夥，求婚還這麼霸道！打架就打架，誰怕你啊？唐朝軍隊把松贊干布的人狠狠地整了一頓之後，他就老實了，也懂了不少規矩。後來派大臣祿東贊帶着大筆禮金和一個規模龐大的親友團來求親。這時求親的人可多了，好幾個國家都寫來了求婚書。李世民設計了一場比賽招親，出了幾個高難度的題目，誰得分最高，誰就抱得美人歸。聰明機智的祿東贊總算沒有辜負松贊干布的期望，贏得了比賽。

文成公主出嫁的規模可不一般，因為這是展現唐朝綜合實力的機會，加上李世民有錢，出手闊綽，陪嫁了大批的人員和物品。因為路途遙遠，出嫁隊伍浩浩蕩蕩地走了幾個月，才看到前來迎親的松贊干布。

一般人結婚都是送新娘首飾，松贊干布可不做這麼沒創意的事。他修建了布達拉宮送給文成公主當見面禮。文成公主的陪嫁團簡直是唐

朝經濟文化的縮影，包括各種匠人、書籍、手工技術，甚至還有糧食種子，這些都大大豐富了吐蕃人民的生活。

晉陽公主：折翼的小天使

李世民的女兒很多，但是群臣最喜歡的還是長孫皇后生的小女兒晉陽公主。每次大臣們向皇帝彙報事情的時候，只要看到晉陽公主坐在旁邊，大臣們心裏就輕鬆不少。

晉陽公主雖然年紀很小，但是非常聰明和懂事。如果看到父親對大臣發火，她馬上就會安慰父親道：「好了啦，不要生氣啦！」經常幫着大臣講話。李世民非常喜歡她，聽到她這麼一說，想發脾氣也發不起來了。

這孩子也挺可憐的，很小的時候娘就去世了。雖然李世民把她和皇子李治一直帶在身邊親自撫養，但是沒有娘的孩子終究不那麼快樂。她每每看到長孫皇后留下來的東西，都會偷偷地哭。加上李治慢慢地長大，不能老是陪着妹妹，一出遠門，晉陽公主就拉着他的衣袖流眼淚。李世民看到了，都忍不住大哭起來。

儘管她是個女孩子，但是寫起字來和男孩子一樣，尤其是模仿父親的筆跡，簡直可以以假亂真。有時候人們都分不出到底是李世民寫的，還是晉陽公主寫的。

這麼一個可愛的小公主，我們都希望她健健康康地長大。誰知道她十二歲的時候得了重病，怎麼也治不好，最後夭折了。皇帝受了很大的打擊，連着幾個月都精神恍惚。大家去安慰他，他說：「人死不能復生，我當然知道這個道理，可是心裏的悲痛止也止不住啊！」其實何止是他難過呢，我們這些大臣也非常想念晉陽公主啊！

（翰林書院　供稿）

專訪牛人魏徵（特約嘉賓：李世民）

　　整個大唐只有一個人可以把皇帝氣得口吐鮮血，卻又不得不聽他的話。這個人就是魏徵，一個敢在朝堂之上公然當面指責皇帝的人。他的人生究竟有什麼傳奇故事，讓我們一起來聽聽他是怎麼說的。歡迎本期的嘉賓魏徵和特約嘉賓李世民。

記者
　　魏大人，聽說您以前是皇上的哥哥李建成的支持者，對嗎？

魏徵
　　是的，我以前在東宮上班，老板是李建成。當李建成和李世民之間的關係越來越緊張的時候，我還曾經勸說李建成盡早下手把李世民除掉，但是他沒有聽從我的建議。

記者
　　那我們來問問當今皇上。魏徵提了這樣的建議，玄武門事件之後，您有沒有想殺掉他呢？

李世民
　　沒有。我其實很早就聽說他是個很有才能的人，用他都來不及，怎麼會去殺掉他。我請他做我的諫官，監督我的得失。

記者
　　魏大人，聽說您有一個關於良臣和愚臣的說法，可以給我們解釋一下嗎？

魏徵

對君主盡忠，對國家、對百姓盡力，跟皇帝實現雙贏，就是良臣；只對君主忠心耿耿，只要君主開心，不管百姓的死活，就是愚忠。

記者

根據您平時的表現，您算得上是良臣了。您平時給聖上提那麼多建議，他會不會不高興啊？

魏徵

人無完人，任何人都會有做得不好的地方，皇帝也不例外。每當我指出皇上做得不對的地方時，他剛開始可能會不高興，但是只要是有道理的意見，他還是會採納的。

李世民

雖然有時候我很生氣，但是冷靜下來想一想，魏徵說得沒錯。正因為有他在我身邊提醒我，很多錯誤才可以及時改正，大唐才會越來越好。

記者

魏徵這樣的性格，即使在面對唐太宗發怒的時候，也據理力爭。聽說您也有點怕魏徵，是這樣的嗎？

李世民

是的，有一次我想去秦嶺打獵，行李都準備好了，但是猛然想到魏徵知道這件事肯定會說不行，於是就打消了這個念頭。還有一次我得到了一隻上好的鷹，看到魏徵走過來，於是趕緊把牠塞到衣服裏面，結果魏徵還是看到了。他故意嘮嘮叨叨地奏事很久，那隻鷹都被憋死了。

記者

聽說最近魏徵寫了一份奏摺給您，一下子就提了十條建議（後世叫作《諫太宗十思疏》），都說了些什麼呢？

魏徵

說了一些治理天下的建議，要以民為本。皇帝好像舟，百姓好像水，水能載舟，亦能覆舟。作為君主，應該時刻為百姓着想。

記者

兩位我唐朝的黃金搭檔，那麼說說你們眼裏的彼此吧。

魏徵

李世民是明君，睿智、有氣度、有胸懷，稱得上千古一帝。

李世民

以銅為鏡，可以正衣冠；以史為鏡，可以知興替；以人為鏡，可以明得失。魏徵就是我的鏡子。

人物專題　詩壇「四大天王」

初唐四傑，也就是大唐最早的「四大天王」，分別是王勃、楊炯、盧照鄰和駱賓王。他們在文學上取得的成績，充分說明了一個道理：「出名要趁早」。

王勃

一般孩子六歲剛學會認字，而王勃六歲已經會寫文章，九歲時寫出《漢書指瑕》一書，指出《漢書注》中的一大堆錯誤。《漢書注》是一代大儒顏師古給天下讀書人寫的教科書，而幼年的王勃竟敢挑戰權威，因此揚名。

但是讓他大出風頭的還是那篇著名的《滕王閣序》。聽說南昌的閻都督在滕王閣上舉行宴會，王勃也跑去參加。宴會後，閻都督問誰可以寫一篇《滕王閣序》做個總結。其實，他早就叫自己的女婿提前寫好了，準備到時候拿出來讓大家誇獎誇獎。可是王勃不知道此事，第一個舉手說我來寫，弄得閻都督很不高興。王勃的文章寫完後，閻都督拿過去一看，開始覺得不怎麼樣，但是看到「落霞與孤鶩（音同務）齊飛，秋水

共長天一色」的時候，情不自禁地拍案叫絕，再也不提他女婿的那篇文章了。

因此得了很多榮譽和鮮花的王勃，興致勃勃地坐船去告訴當時在交趾（在今越南）當縣令的父親。可惜途中遇到了台風，船沉了，這位天才也失去了生命，年僅二十九歲。

楊炯

對於當時人「王、楊、盧、駱」的排名，楊炯並不滿意，曾跟人說：「愧在盧前，恥居王後」，意思是慚愧排在盧照鄰之前，以排在王勃之後而感到羞恥。心高氣傲的他還嘲諷身居高位的大臣，得罪了他們，被人找了個藉口，把他貶到很遠的地方去了。

在不毛之地待了幾年，楊炯又當了縣令。不少人都覺得他很「酷」，不過這不是指故作深沉的酷，而是冷血，嚴酷的酷。對那些不聽話的人，他經常將他們請去吃「竹筍炒肉」（打板子）。

酷哥楊炯的詩歌寫得很不錯，張說對他的評價是：「文思泉湧，猶如滔滔江水，連綿不絕。」他一生留下了《盈川集》三十卷。

盧照鄰

這位大才子運氣不佳，好事遇到他都繞道而行。他在鄧王府上班，卻因犯事被拘留，幸好鄧王李元裕器重他，把他保釋了出來。離開王府後，他又中了風，雙腳萎縮，一隻手也殘廢了。好不容易病情得到緩解，結果父親又去世了，因悲傷過度，他的病情再次急轉直下。最後，因為無法忍受疾病的痛苦，盧照鄰和家人一一道別後，跳進穎水自殺了。

從此，那個曾寫出《長安古意》《行路難》和《釋疾文》等名作的天才離我們而去了。

駱賓王

地球人都知道駱賓王的大名，他是以一首兒童啟蒙詩《詠鵝》出道的。這首詩紅得發紫，大街小巷都在傳唱：「鵝鵝鵝，曲項向天歌。白毛浮綠水，紅掌撥清波。」成年後，他以文風犀利、觀點另類而著稱，文筆好到寫文章罵人，而被罵的還為他鼓掌。那個被罵的人不是普通人，而是做了皇帝的武則天。

徐敬業起兵反對武則天時，駱賓王跑去當了秘書。徐敬業的大小文件都出自駱賓王的手筆，最有名的就是《討武氏檄》。這篇文章一問世，就好像丟了一個重磅炸彈，動靜大得連武則天都知道了。武則天把這篇文章找來一看，氣得把負責人事的宰相罵了一頓：「你這宰相怎麼當的，這麼大一個才子你都看不到！」

後來徐敬業起兵失敗，駱賓王也在戰亂中不知所蹤。

（選自《初唐才子傳》）

美食指南 胡餅、古樓子、湯餅等

「民以食為天。」大唐流行什麼小吃，百姓最常去哪兒品嘗，本報一一為你揭曉。

每年一到立春的時候，皇帝都會給大臣們發胡餅（可見胡餅的受歡迎程度）。白麵做好餅坯，抹上油，撒點芝麻，放進火爐裏烤熟。哇，又香又脆的胡餅出爐了，趕緊抹掉口水趁熱吃吧！

愛吃肉的朋友可以選擇古樓子。把羊肉切碎，塞在大餅裏面，中間

再和上胡椒和豆豉，刷上油。烤熟之後，香味四溢，隔着半條街都能聞得到（當然，富貴人家才能吃得起）！

腸胃不好的朋友可以吃湯餅，冬天吃一碗，保你全身都暖和。夏天可以吃「碰到牙齒比雪還冷」的涼麵——冷淘。

還有蒸餅、餛飩等常見小吃，這裏就不一一介紹了。出門的時候，一定要記得帶錢喲！曾經有一位官員，飢腸轆轆時正好遇到一個賣餅的。他大喜過望，結果一摸口袋，發現沒有帶錢。最後他把自己的令牌解下來，換了一籃子餅。哈哈，雖然瀟灑，卻也有些狼狽啊！

有獎競猜！請根據以下提示，猜一猜這個人是誰？

1. 他是一個和尚，出國十九年。

2. 為了尋求佛經，他歷經千辛萬苦，最終到達天竺。

3. 他給沿途的國家介紹了大唐文化，讓外國人深入了解了我們大唐，很多國家也因此派人到大唐來參觀學習。

4. 他晚年回到大唐，帶回很多佛像、一百五十多顆舍利子、六百多部經書。他還把沿途親眼所見的風土人情介紹給唐朝人。

5. 他回來的時候，唐太宗親自帶着大臣去迎接。在請他做官被拒絕之後，又安排他住到弘福寺，並派了二十個佛家弟子幫他翻譯經書。

6. 他的弟子辯機和尚根據他這一生的經歷，寫了一本書叫《大唐西域記》，講述了他去過的所有地方和遇到的奇聞逸事。

如果你猜出來的話，請把答案寫下來，投到本報的信箱裏。答中者將有機會獲得《大唐西域記》一套，以及作者的簽名照一張！（答案見第四期《生活在別處的唐朝人》）

新聞快訊 李世民被尊為「天可汗」

「天可汗」這個稱號，相當於「武林盟主」。盟主這個位置，不是誰想坐就能坐的，而是要經過「武林」——多個民族的評選。對李世民當

「天可汗」，各民族代表們是怎麼看的呢？

　　突厥王子阿史那社爾 💬 絕對支持！我們有些突厥人還搬到了長安城，和漢人們住在一起，親如兄弟。也有在朝廷當官的，太子開 party 的時候，還經常請突厥人去參加。嘿嘿，我還娶了李世民的妹妹衡陽公主呢！

　　吐蕃王松贊干布 💬 我非常欣賞唐朝的富庶與繁榮。文成公主嫁給我後，給我們吐蕃帶來了先進的科學技術和文化。感謝大唐，感謝天可汗！

　　薛延陀真珠可汗 💬 可惜呀！我沒準備好彩禮，結果沒當成駙馬！

　　突厥酋長執失思力 💬 死後能葬在天可汗旁邊，是我平生最大心願。

現場報道 「功臣博物館」—— 凌煙閣

　　凌煙閣是長安最有名的「功臣博物館」。這是當今皇上李世民為了紀念當年和他一起打天下的功臣而修建的，現在變成了唐朝著名的愛國主義教育基地。

　　凌煙閣的畫像一共有 24 位，都是畫家閻立本根據真人，以一比一的比例畫出來的。現在，為大家介紹其中的幾位。

　　第一位是長孫無忌。他能成為第一功臣，可不是依靠長孫皇后的關係，憑的全是他自己的能力。他和李世民從小就是哥兒們，打仗、喝酒都在一起。玄武門事變時，他是李世民最堅定的支持者。後來，他和房玄齡等人編修了《貞觀律》，在法律方面有着重要建樹。

　　再看房玄齡和杜如晦，他們是當年太子李建成最害怕的人。李建成曾經對弟弟李元吉說過：「秦王府中，這倆人最應該提防。」房玄齡善於

出主意，但是有些優柔寡斷；杜如晦正好相反，行事非常果敢果斷。他們倆合在一起，就被稱為「房謀杜斷」。

還有全國人民都知道的魏徵，他以敢諫直言而出名，曾多次激怒皇上卻面不改色。他強調「兼聽則明，偏聽則暗」「水能載舟，亦能覆舟」，這對皇上開創千古稱頌的「貞觀之治」起到了重大的作用。

大唐開國不久就一統天下，沒耗費多少國力就降服周圍民族，最大的兩位功臣就是李靖和李勣了。李靖、李勣不僅用兵如神、功勳卓著，在做人方面也很聰明，說到明哲保身、富貴善終，能比得上他兩位的，古往今來也不多了。

這兩位看上去比較勇猛善戰。沒錯，面如黑炭的是尉遲（音同玉池，複姓）恭，胯下騎大黃馬的是秦瓊。他們都是於百萬軍中取人首級如探囊取物的傳奇式人物，征戰南北，馳騁疆場，屢立戰功。老百姓還將他們的畫像貼在門上，尊之為驅鬼避邪、祈福求安的門神。

其他的就不一一介紹了。總之，凌煙閣畫上的人，個個都有功於國家，而大唐的官員們，更是以自己的畫像登上凌煙閣作為一生的奮鬥理想。

長生不老藥今日開售

親愛的顧客朋友：

　　新研製的長生不老藥 —— 仙丹 5 號，今天正式開始出售。

　　此款仙丹的功效和口味比以前的有明顯改進，因為我們請來了洋煉丹人，他就是來自佛教發源地天竺的和尚 —— 羅邇娑婆。648 年，吾皇（李世民）打敗天竺國，俘虜了不少人，其中就有天才煉丹師羅邇娑婆。他雖然年事已高，但是鶴髮童顏、精神矍鑠。

　　羅邇娑婆告訴吾皇，自己擅長煉丹，已經活了兩百歲。誰吃了他煉出來的仙丹，不僅可以長生不老，而且還能白日飛升，上天當神仙。吾皇聽後表現出極大的興趣。以前，陛下吃的都是本土道士煉出來的仙丹，效果並不顯著；而自從羅邇娑婆把新仙丹煉出來之後，他就成了仙丹第五代的忠實消費者。

　　吃了仙丹，保證你八十歲的人有十八歲的心臟；

　　吃了仙丹，禿頂的男士可以長出濃密的黑髮；

　　仙丹有祛除皺紋、美容養顏的功效，是愛美女士的首選；

　　仙丹還是饋贈親朋、孝敬父母的最佳禮物。

　　後記：正當記者擠在人群中看熱鬧時，一支官兵過來，查封了現場所有的丹藥，抓捕了參與出售丹藥的所有人，並宣佈：「此藥係有毒、有害產品，皇帝陛下長期服用，導致身體衰弱；又由於食用太多，致使毒性發作而駕崩。從今天起，任何人再製作、出售此丹藥，將會受到刑事懲罰。」

1. 玄武門兵變中，誰是勝利者？

   A. 李世民　　B. 李建成　　C. 李元吉

2. 嫁給松贊干布的唐朝公主是誰？

   A. 晉陽公主　　B. 文成公主　　C. 太平公主

3. 唐太宗和魏徵是什麼關係？

   A. 君臣關係　　B. 敵對關係　　C. 同僚關係

4. 「鵝、鵝、鵝，曲項向天歌」的作者是誰？

   A. 王勃　　B. 駱賓王　　C. 盧照鄰

答案：1.A　2.B　3.A　4.B

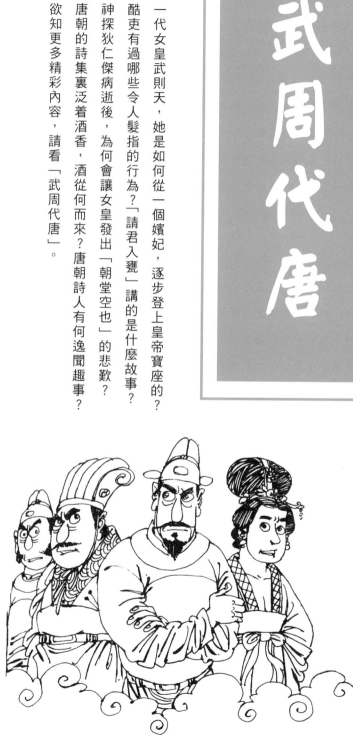

3

武周代唐

六四九年～七○五年

◎一代女皇武則天，她是如何從一個嬪妃，逐步登上皇帝寶座的？

◎酷吏有過哪些令人髮指的行為？「請君入甕」講的是什麼故事？

◎神探狄仁傑病逝後，為何會讓女皇發出「朝堂空也」的悲歎？

◎唐朝的詩集裏泛着酒香，酒從何而來？唐朝詩人有何逸聞趣事？

◎欲知更多精彩內容，請看「武周代唐」。

長孫無忌日記

我的後半生（節選）

貞觀十七年（643 年）

皇上（李世民）興沖沖地叫來大畫家閻立本，讓他給我們大唐二十四位開國功臣畫像。皇上點名要將我排在第一位。

春節的喜慶氣氛還沒散去，就有一個噩耗傳來：魏徵死了！

四月，太子李承乾謀反。陰謀敗露後，太宗極為震怒，廢太子為庶人，同時立晉王李治（也就是我妹妹長孫皇后的兒子）為太子。

貞觀十八年（644 年）

皇上問我們，他最近可有過失。此時天下昌盛，國泰民安，皇上心驕志滿，我們的話他怎麼聽得進去呢？我和其他大臣一樣，違心地說沒有，然後再說一些阿諛奉承、歌功頌德的話。唉，要是魏徵還在，我想他一定會站出來向太宗提意見了！但是，在皇帝想換太子的問題上，我們還是保住了李治的位子。

貞觀二十三年（649 年）

皇上病重，在病榻上，他任命我出任太尉，兼尚書、門下二省的實職。最後，他叫來另一位託孤大臣褚遂良，並反覆交代：「我死之後，你要保護無忌。若你放任別人傷害他，就不是我的忠臣！」一席話聽得我熱淚盈眶。

太子李治即位時，剛二十出頭，性格上又較為懦弱，而我這個舅舅已經年近六十，隨時可能撒手人寰。可恨餘生之力不多矣！

李治不顧我們冒死進諫，下旨廢王皇后和蕭淑妃，冊立武媚娘為皇后。褚遂良等人被遠貶蠻荒。武媚娘雖然最忌恨我，但對我這個佐命元勳、皇帝的親舅舅不敢輕易動手。

許敬宗惡毒誣陷我謀反，我知道他是在武媚娘的授意下說的。沒想到李治竟然對此深信不疑，他不與我對質，就下詔削去了我的官職，然後將我流放。

我的兒子及宗族全被株連，或被流放，或被殺頭。我想，武媚娘是不會放過我的，我的死期應該不遠了。

編後記 💬 發稿時，長孫無忌已被勒令自殺。唉，可惜、可憐、可歎啊！即使有先帝李世民的遺願 —— 大臣們要盡力保全長孫無忌，這位凌煙閣第一功臣還是死於非命啊！

時政新聞 皇帝的野蠻女友

大唐美女如雲，但是最有個性的當屬武媚娘。她原來是唐太宗的才人（妃嬪的等級），性格非常剛烈。有一次，吐蕃向太宗進貢了一匹烈馬，叫獅子驄（音同聰），誰也馴服不了，武則天便自告奮勇地對太宗說：「我來馴服牠！馬兒要是不聽話，就用鐵鞭子抽牠；再不聽話，就用鐵錘子捶牠；實在不行，就只好用匕首把牠殺了。」

唐太宗不喜歡這位野蠻女友，不過他的兒子李治很喜歡。太宗去世後，武媚娘去了感業寺當尼姑。李治對她念念不忘，當了皇帝以後想盡辦法把她接回宮來。

　　李治雖然很有作為，但身體不好，經常頭暈腦痛，再好的醫生都沒能治好他的病。作為皇帝，要處理很多政務，尤其是唐朝這樣的超級大國，事務就更加繁重了。李治對此深感力不從心，於是將很多事情交給了武媚娘處理。

　　這可難不倒才智超群的武媚娘，她處理大小國事都得心應手。李治樂得當甩手掌櫃，就把事情全都交給了她。

　　這樣一來，大臣們意見就很大了，長此下去，整個大唐豈不是都被武皇后控制了？褚遂良、韓瑗、長孫無忌等幾個元老級的大臣紛紛向李治打報告，請求高宗廢了武則天，李治也同意了。誰知這話傳到了武皇后的耳朵裏（由此可見，這保密工作做得也太差了）。武皇后哭着對李治表明自己的忠心，李治一時心軟，就說：「這不是我的主意，是大臣上官儀出的。」好家夥，這下可把上官儀給害慘了，武皇后是出了名的鐵娘子，很快就讓上官儀從人世間消失了。其他幾位大臣也好不到哪裏去，都被遠遠地打發到祖國邊境的各個角落去了。

　　從此以後，再也沒有人敢反對武皇后了。每次皇帝上朝，武皇后都坐在簾子後面，決定着一切。這可真是了不得，婦女豈止頂半邊天？分明頂着一片天啊！

老爺們兒不好使，可不就得我們女的多幹嘛！

女皇帝引發熱議

從來沒有哪位新皇帝會引來這麼多的讚美和批評，也從來沒有哪位皇帝可以讓朝野上下這麼震驚，但是有一位皇帝做到了，她就是女皇帝武媚娘。在發表感慨之前，讓我們來回顧一下，武則天是怎樣一步一步走向皇帝這個至高無上的位置的——

武皇后垂簾聽政後，積極地投身到治國理政的事業裏面去，不僅參加了高宗主持的泰山封禪，回來之後還非常貼心地給各位大臣加官晉爵，弄得官員們一個個熱淚盈眶，直誇她是個好人。

武皇后一看效果不錯，就趁熱打鐵，提出了十二條改革措施，也就是「建言十二事」。這是她第一次提出自己的政治綱領，獲得了一片掌聲和讚揚。

李治去世不久，他的兒子李弘也生病死了，只好改立李賢為太子。不久，武皇后嫌李賢做事不周，又讓第三個兒子李顯做了太子。但第三個太子運氣也好不到哪兒去，他當上皇帝沒多久就被媽媽武太后廢掉了。

兒子們都不能讓武太后滿意，於是武太后親自上陣，自己做了皇帝，改國號為「周」。大家對這位前無古人的女皇帝眾口不一。

政府某部門官員 💬支持武太后！她雖然是一名女子，但是政治遠見和治國方略一點兒也不輸給男子。她在位期間推行的一些制度促進了經濟的發展，提高了老百姓的生活水平。由此可見，武太后當皇帝一定錯不了！

李大珠（化名，李世民追隨者）💬這個天下可是李淵、李世民辛辛苦苦打下來的，朝廷是李家朝廷。武太后是一個小偷，偷走了李家的勝利果實。女人當皇帝，真是聞所未聞啊！

首都搬家

聽說朝廷在準備搬家。這搬家可不是換房子，而是換地方 —— 我們的首都要從長安搬到洛陽去了。

洛陽在唐高宗李治時期就已經是東都（西都當然是長安了）。等高宗死後，武太后就請了搬家公司，準備全部搬過去。至於為什麼要搬家到洛陽，這個原因五花八門。有人說是武太后在長安的時候，害死了王皇后和蕭淑妃，因為怕她們變成鬼來嚇人，所以她不敢再住長安了。這可真是胡說，真正的原因可不是這個。

分析起來，這第一呢，唐朝的領土越來越寬，而長安太偏西，有些地方鞭長莫及，很難管到；如果把首都遷到洛陽，就方便很多。

第二點呢，也是最重要的一點：長安人口越來越多，糧食都不夠吃了，從外地運送糧食也不方便；但是洛陽就不同了，洛陽自古以來農業就很發達，交通也方便，從來不用為吃飯的事兒發愁。洛陽很富庶，把首都搬過去，只有好處，沒有壞處！

（供稿人　經濟分析師王千）

說說你心中的女神

每年的農曆七月初七是唐朝傳統的「乞巧節」，也被稱為「女兒節」。在這個舉國歡慶的日子裏，本報策劃了本期節目 ——「誰是你心中的女神」。

經過前期的讀者投票，上官婉兒、女皇帝和太平公主的得票最多，下面聽聽她們的入選理由：

李清水
（文藝女青年，
沒事喜歡寫寫詩）

大唐上下最有才的女子，自然非上官婉兒莫屬。除了她，還有誰能夠把綺麗繁華、清麗婉轉的「上官體」發揚光大；除了她，還有誰可以如此才思敏捷，七步成詩，連文學家張說（音同悅）都高度讚揚她「風雅之聲，流於來葉（後世）」呢；除了她，誰還有資格被稱為「巾幗宰相」？我真是太崇拜婉兒了，她寫的每一首詩我都會背。她的作品集在長安是暢銷書！

王大媽
（屠宰店老板娘）

要說俺最佩服的人，自然是當今皇帝武媚娘了。一個女人家當皇帝，而且還把國家治理得這麼好，真是不容易啊。她頒佈的政策，大家都拍手叫好。這幾年，我們的生活越過越好，人口增多了，米袋子、錢袋子鼓起來了，來我這裏買羊肉的人也越來越多了……

趙小姐
（洛陽胭脂店 VIP 客戶，時尚潮人）

我最喜歡的人是太平公主，她可是大唐時尚第一人呀！她在時尚方面的敏感度是一流的，簡直就是我們的潮流風向標。每次她出席公共場合所穿戴的衣服首飾，都會在全國引起一片追捧的熱潮。特別是她的世紀婚禮，場面宏大，照明用的燈火甚至把沿途的樹都燒焦了。

世道越來越亂了

弘道二年（684 年）七月一日

女皇帝上台之後，老是懷疑有人反對她做皇帝，於是任用了一班酷吏，還在全國各地安排了很多間諜，只要有點風吹草動立馬派人去查，堅決實行「寧可錯殺一千，也不放過一個」的政策。

女皇帝鼓勵大家打小報告，弄得誰也不敢相信誰，人心惶惶，說話做事都要特別注意，弄不好自己怎麼死的都不知道。隔壁村今天出了大事，劉大傻種了很多瓜，無賴王弘義找他要，他沒給，沒想到王弘義去官府誣告劉大傻偷藏了一個朝廷通緝犯在瓜田裏，於是官府馬上派人來搜查，把瓜田給踏平了，劉大傻氣得差點上吊。

這世道，真是越來越亂了。

載初元年（690 年）三月五日

你可能不認識隔壁的鄰居，但是你一定知道誰是周興、來俊臣，這兩個人可是現在大唐知名度最高的人。他們發明的那些慘絕人寰的審訊方法，不管你有罪沒罪，只要落到他們手裏，明天的太陽基本上就見不到了。

不僅老百姓活得戰戰兢兢，朝廷的官員也好不到哪裏去。也許上一秒還在朝堂上做報告，下一秒就被拖出去進大牢了。官員們上朝之前，都會穿戴好衣服，寫好遺書，向家人交代好自己的後事，和親戚朋友一一告別。如果下午下班平安地回到了家裏，全家就會喜極而泣，慶祝獲得新生。

今天發生了一件大快人心的事情。有人告密說，周興和丘神勣串通謀反，武則天叫來俊臣負責這個案子。來俊臣約周興去喝酒，周興一看有飯局，屁顛兒屁顛兒就過去了。幾杯酒下肚，來俊臣開始歎氣，周興很關心地問怎麼回事。來俊臣愁眉苦臉地說：「唉，今天遇到一個犯人，無論怎麼審問都不肯認罪，實在是愁死我了。」

周興一聽，拍拍胸脯說道：「這還不簡單，包在兄弟我身上。只要弄一個甕，把這個人丟進去，再用炭火烤，再怎麼不認罪的人都會認罪了。」

來俊臣馬上叫人如法炮製，挑起來一個甕，對周興說：「這就是你說的甕吧！有人向女皇帝告密說你謀反。現在是你自己進去，還是叫人扔你進去呢？」（這就是成語「請君入甕」的由來。）周興一看傻了眼，汗珠像水一樣流下來，跪在地上連連認罪。

廣 而 告 之

大周增設武舉考試

各位大周子民：

　　本着全面提高我朝人民綜合素質的目的，為了扭轉重文輕武的局面，吾皇決定，改革我朝科舉考試制度。除了以往的文舉之外，新增加一門考試：武舉。

　　武舉考試科目大體分為：騎射、馬槍、步射、才貌、言語、舉重等項。成績優異者，給予與文舉考生同等待遇，可以入朝為官。

武舉考試和文舉考試一樣，先在各地實行選拔考試，成績優異者，可獲得前往首都洛陽參加複試的機會。在洛陽，除了可以參加由皇帝武則天親自主持的殿試之外，各位還有機會一睹這座美麗首都的迷人風采。

考試不分門第，不論出身，不管你是出身高貴，還是出身寒門，不管你是讀書之人，還是習武之人，只要你有能力，並有忠君報國之心，歡迎前來應考。

大周招生考試辦

長安二年（702 年）正月初一

時事劇場 《狄仁傑三部曲》全國公演

為了紀念為我朝做出巨大貢獻的功臣 —— 狄仁傑，盛世大唐劇院特別推出「狄仁傑系列」劇目，該系列一共有三部，分別是：

《神探狄仁傑》

本劇由我朝著名導演傾力指導，雲集了眾多大牌明星，大製作、大手筆，全面講述了狄仁傑作為我朝最負盛名的法官，在最高法院 —— 大

理寺擔任大理丞期間處理的眾多冤假錯案。在斷案的過程中，他曾遇到過哪些困難，又是怎樣憑自己的聰明才智一一化解的？本劇將為您精彩呈現。

《諫臣狄仁傑》

狄仁傑剛正不阿、懲奸除惡，為此得罪了不少權貴，但是他從來都不向惡勢力屈服。為了維護法律的尊嚴，他直言敢諫。

為官期間，他彈劾了一些尸位素餐、不幹實事的官員，免除了并州數萬人的勞役。連唐高宗都稱讚他：「真大丈夫也！」

琅琊王李沖起兵反對女皇帝，被鐵娘子出手擺平之後，有將近七千人都受到牽連要被殺頭。狄仁傑上書武則天，請求改殺頭為流放，武則天聽取了他的建議。

狄仁傑所做的這些貢獻，讓武則天都連連稱讚。可以說，狄仁傑為大唐走向輝煌做出了重大貢獻。本劇將為您再現那些振奮人心的感人事蹟。

《狄仁傑與武則天》

狄仁傑是女皇帝時期最著名的大臣，也是女皇帝的得力助手，曾經被她尊稱為狄閣老。女皇帝的侄子武承嗣視狄仁傑為眼中釘、肉中刺，一心想置他於死地，但是狄仁傑憑着自己的機智次次化險為夷。在女皇帝考慮接班人的問題上，狄仁傑力挺李顯，被人稱為再造唐室的忠臣義士。狄仁傑病逝之後，女皇帝悲歎道：「朝堂空也！」狄仁傑到底有什麼貢獻，受到堂堂女皇帝如此禮遇？請看系列劇目之三 ——《狄仁傑與武則天》。

洛陽新開了一家超級豪華的酒館，聽說生意非常好，到底它有什麼吸引人的地方呢？記者今天就去一探究竟。

進門一看，櫃台上擺滿了各種各樣的酒，只要你能說得出名字，這裏都找得到。大致分成三類：黃酒、果酒和洋酒。

黃酒又分成兩種，一種是稍便宜的濁酒，上面飄着一層像小螞蟻一樣的泡沫。有詩寫道：「綠蟻新醅（音同胚，意為未過濾的酒）酒，紅泥小火爐。晚來天欲雪，能飲一杯無？」說的就是濁酒。把濁酒過濾一下，就變成了清酒。清酒的價格較貴，大酒仙李白最喜歡喝這種酒，有詩為證：「五花馬，千金裘，呼兒將出換美酒。」為了喝酒，連衣服和馬都不要了，想來這酒一定是味道好極了。

果酒主要是葡萄酒。說起葡萄酒，一定要提到一個人 —— 唐太宗，他把高昌打敗之後，把當地的葡萄和釀葡萄酒的方法帶回來了，從此，我們大唐又多了一種美酒。葡萄酒顏色鮮豔，氣味芬芳，喝起來滿口餘香，所以也有人說「葡萄美酒夜光杯，欲飲琵琶馬上催。」

還有一種叫三勒漿的洋酒，是從天竺那邊傳過來的，有健胃消食的作用哦。如果吃多了不消化，可以喝一點三勒漿。

酒館裏面人很多，大家在一起，邊喝酒邊欣賞表演，再和朋友們玩玩遊戲，這才叫有意思呢！

一般情況下，都有年輕漂亮的歌舞伎在酒館唱歌跳舞，以助酒興，我們把這些人叫作「酒佐」。酒喝多了的人，難免會要酒瘋，所以酒館裏面都會有維持秩序的人，叫「酒糾」。如果是和幾個朋友一起來喝酒的話，還可以一起玩喝酒對詩、擊鼓傳花、擲骰子等遊戲。

唐朝詩人大多喜歡喝酒，如果你在酒館裏看到幾個書生模樣的人正在喝酒吟詩，說不定其中就有名震天下的大詩人呢！有時候你甚至可以在酒館的牆壁上看到詩人們留下的筆跡。

　　翻開各位詩人的詩集，一股酒香撲鼻而來。可以說，沒有酒就沒有詩。

另眼看世界　外國人眼中的大唐女性

　　我剛到唐朝的時候，發現唐朝的女性多半都胖乎乎的，後來才知道唐朝女人從不減肥，認為胖才是漂亮，真是非常奇怪。除了胖之外，唐朝的女性也都非常愛打扮，光髮型就有十幾種。最常見的叫高髻（音同既），就是把頭髮梳得高高的，像一座寶塔一樣，走在路上顫巍巍的，難道她們不覺得累嗎？另外一種是把頭髮全部梳在頭後面的叫倭墮髻，形狀像一個大尾巴，應該很沉吧？除了這兩種常見的髮型之外，還有小髻、鳳髻、螺髻、祥雲髻、百合髻、交心髻、凌虛髻等髮型。

　　隨着越來越多的外國人來到唐朝，其他國家的打扮也跟着流傳進來了。現在唐朝的女孩子有的也開始穿胡服，梳回鶻髻了，看上去別有一番風味。除了這些髮型之外，還有假髮，有錢人家的女性都喜歡戴假髮。

　　說完髮型，就該說說化妝了，唐朝的化妝技術可是很高的哦！我聽說，在汴州有個龐三娘子，不僅舞跳得非常好，化妝的技術也是超一流的。她年紀很大了，但只要一化上妝，站在舞台上，根本看不出年齡，如少女一般。一次，有個人請她去跳舞，剛好遇到龐三娘子沒有化妝，那個人居然沒有認出來，問道：「老太婆，龐三娘子在家嗎？我想請她明

天去我家跳舞。」龐三娘子就說：「哦，你回去吧，我會轉告她的，她是我外甥女。」

第二天，龐三娘子出現的時候，那個人高興地說：「昨天我碰到你姨媽了，她說你今天會來的。」

看來，這化妝技術真是出神入化啊！

（作者　突厥人阿史那太奈）

揚州一日遊

爸爸說要去揚州做生意，順便帶我去。我早就聽說那是一個很大很漂亮的城市，心裏感到非常高興。

坐了幾天的船，我們終於到了揚州。在港口上岸的時候，我看到了很多長得和我們不一樣的外國人。爸爸告訴我，揚州是一個很大的港口，很多外國人都來這裏做生意，其中最多的就是波斯、大食、新羅和高麗人。為此唐朝還專門成立了一個部門，叫作「市舶司」，負責和外國人打交道。聽說鑒真和尚也是從這裏出發去日本的呢。

街上人山人海，東西也特別多，不管你想買什麼，這裏都有。揚州人很會做生意，有錢人特別多。我看到大街上每一個人都穿得漂漂亮亮，看起來生活很富裕的樣子，難怪這裏被稱為東南地區最有錢的城市。

除了有錢，揚州還有很多很著名的人。有一個叫作張若虛的，寫了一首詩叫作《春江花月夜》，被人稱為是「孤篇蓋全唐」，也就是說，他這首詩寫得好，把唐朝其他的詩歌都比下去了。

揚州真是一個又有錢又有文化的好地方啊！

（四年級三班學生　李益生）

益州購物清單

記者隨機採訪了一位名叫司馬長風的百姓，問他來益州（今四川省一帶）的打算，他是這樣講的：

我帶着幾十輛馬車今天終於到了益州。李白說得沒錯：「蜀道難，難於上青天！」來益州這一趟真是太不容易了！

常言道：「揚一益二」，意思是除了揚州就是益州。這個被人稱為全國第二發達的城市，出售的東西還真多。

首先要買麻紙。這裏的造紙廠非常多，質量也很好。朝廷抄寫公文都是用這裏生產的紙呢！有的紙加了特殊的藥水，放很久也不會被蟲子咬。還有著名的「十色箋」，一共有十種顏色，很受文人墨客的喜歡。

然後要買茶葉。這裏種茶的人多，價錢也很便宜。聽說西藏地區的人都喜歡喝茶，但是那裏天氣寒冷，不適合茶葉的生長，如果把茶葉販賣到那裏去，一定可以發大財！

絲綢是絕對不能錯過的。這裏的蜀錦是皇帝送給外國使者的禮物，很多有錢人都爭着買。這次要多買些回去。

最後要買的是酒。益州糧食很多，吃不完的就用來釀酒。很多酒都很出名，拿益州美酒待客，可是非常有面子的事哦！有詩人寫道：「自到成都燒酒熱，不思身更入長安。」可見益州美酒的名氣之盛！

發票能給開成辦公用品嗎？

購物清單

麻紙：10刀

茶葉：200斤

絲綢：12匹

酒：50斤

這個墓碑沒字

武則天真是全大唐最有個性的人。她死後，墓碑上一個字都沒有，這可真有意思。自古以來，每一個皇帝死後都希望在自己的墓碑上留下最好的評價，可武則天偏偏什麼都不寫。有人說她這是覺得自己的功勞太大了，無論寫什麼都沒法表述清楚；還有人正好相反，說是因為她做的錯事太多，無法下筆。

本報編輯倒是認為，像武則天這麼聰明的人，什麼都不寫，是想把自己的功勞和過錯留給後人去評說吧。

六味（位）地黃（帝皇）丸

中國歷史上最牛的皇帝是誰？當然是唐睿宗李旦嘍。因為他父親是皇帝，哥哥是皇帝，他自己當過兩次皇帝，兒子是皇帝，更厲害的是他媽媽也是皇帝！史稱：六味（位）地黃（帝皇）丸。

1. 武則天當了皇帝之後，國號是什麼？

   A. 唐　　B. 周　　C. 李

2. 武則天當上皇帝之後，都城設在什麼地方？

   A. 長安　　B. 洛陽　　C. 開封

3. 成語「請君入甕」與以下哪組人物有關？

   A. 來俊臣　　周興

   B. 索元禮　　李義府

   C. 來俊臣　　李義府

4. 武則天死後，把皇位傳給了誰？

   A. 兒子李顯　　B. 侄兒武三思　　C. 侄兒武承嗣

答案：1.B　2.B　3.A　4.A

開元盛世

七〇五年～七五五年

◎李隆基除了當皇帝，最大的愛好竟然是唱歌、跳舞！
◎為什麼說楊貴妃是唐朝第一美女？
◎為什麼外國人到大唐後再也不想回國？
◎喝茶這麼簡單的事，竟然還有人專門寫了一本書！
◎不要奇怪，看完「開元盛世」，你就全明白了。

唐玄宗李隆基檔案揭秘

姓名	李隆基
歷任職務	臨淄郡王、皇帝、太上皇
愛好	音樂（代表作有《霓裳羽衣曲》）、舞蹈（開辦了梨園戲曲學院）
家庭成員	爺爺唐高宗李治、奶奶女皇武則天、爸爸唐睿宗李旦、媽媽竇德妃、姑姑太平公主
平生最得意的事	開創了開元盛世
平生最失意的事	在位時發生了安史之亂

你相信嗎？有時罵人也會得到好處。比如我七八歲時，看到金吾大將軍武懿宗在大聲訓斥護衛，我氣得大喊道：「這是我們李家的朝堂，什麼時候輪到你在這裏大聲嚷嚷了？」

我這一吼，武懿宗被嚇得呆呆地看着我，過了一會兒，灰溜溜地走了。奶奶武則天知道後，不但沒有批評我，反而覺得我年幼志高，第二年就封我做了臨淄郡王。

奶奶死後，韋皇后毒死了叔叔李顯，立了個傀儡小皇帝李重茂，準備自己做皇帝。哼哼，這也太小看我了吧？我和姑姑太平公主一商量，帶着軍隊就衝進了皇宮，殺死了韋皇后。還沒等我鬆一口氣，太平公主又蠢蠢欲動，準備幹掉我，自己做皇帝。這皇帝的位置就像一顆好吃的糖果，人人都搶着要。我可不會讓給別人，就算是姑姑也不行！

好不容易把這些人都掃除掉了，我終於坐上了皇帝的位置。這皇位來得可不容易，所以我一直很認真地治理國家，還請了很多有才華的人來幫我，比如姚崇、宋璟、張九齡、張說。有了他們的幫助，就再也沒有什麼可以難倒我的了。

很快，國家就變得越來越好，人多了，錢多了，土地也多了。不管多遠的國家，都知道我們唐朝的威名，爭着討好我們，送東西給我們。很多外國人都爭着到長安來學習、參觀，沒有任何人敢欺負我們。

有時候我站在城牆上，看到這一切，心裏總是滿懷感慨：我取得了這麼大的成功，歷史一定會記住我，以及我創造的開元盛世！

名校風采　梨園戲曲學院簡介

聽戲曲，到梨園；學戲曲，到梨園。梨園戲曲學院，是廣大戲曲愛好者的第一選擇！

梨園戲曲學院坐落在長安市中心，處於繁華之地，交通便利，風景優美，裏面種滿梨花，是王公貴族休閒旅遊之地。皇帝唐玄宗選擇此地，親自教授三百個擅長音樂和舞蹈的學生，讓他們練習音樂和舞蹈。

學院院長由皇帝（唐玄宗）親自擔任，另外還聘請了多位知名教授，其中有被世人譽為「詩仙」的大唐第一才子李白，年少時就以寫詩出名的當朝大官賀知章。

舞蹈教授有公孫大娘。她的舞姿豪邁奔放，杜甫曾寫詩讚美她：「耀如羿射九日落，矯如群帝驂龍翔；來如雷霆收震怒，罷如江海凝青光。」書法家張旭觀看了公孫大娘的舞蹈之後，獲得了不少的靈感，草書也越寫越好。想讓孩子寫出一手好字的家長們，可以帶他們來梨園戲曲學院參觀學習。

音樂教授有雷海清。他擅長各種樂器，曾經演奏過悠揚的《霓裳羽衣曲》，創造了經典樂曲《飲梅敬酒歌》，還曾經把家鄉的樂器和曲藝節

目引入宮廷節目之中。

在該學院的校友之中，有以喜劇形式取勝，被譽為「滑稽之雄」的黃幡綽；有得過金曲獎的李可及，他的歌曲可是長安 KTV 點唱榜的第一名；還有被稱為創作才子的李龜年、李鵬年和李鶴年三兄弟，等等。

有如此雄厚的師資力量，優良的教育教學方法，這樣的學院，難道你不為之心動嗎？

增肥會所幫你實現肥胖美夢

各位愛美的女士：

當今我大唐女子以肥為美。在您的一生中，是否遇到過這樣的煩惱：不管怎麼吃，也吃不胖；不管吃多少增肥藥，都沒有效果？每當看到大街上珠圓玉潤的女子，您只能暗自垂淚；每次逛街看到漂亮的衣服，卻不適合自己的時候，您都會獨自傷心；每次當別人背地裏喊您「晾衣竿」「搓衣板」的時候，您是不是以此為恥，憤怒至極，並且在心中暗暗發誓：一定要胖起來？

現在有了我們大唐楊氏增肥會所，您這看起來遙不可及的願望就可以輕鬆實現了。大唐楊氏會所，是斥巨資打造的大唐最豪華的增肥會所，實行增肥一條龍服務，保證您在一個月內最少胖二十斤。在我們這邊體驗過的消費者個個拍手稱好。

大唐楊氏增肥會所連續三年被評為全國最受歡迎的、消費者放心的企業。今年憑藉我會所巨大的影響力，楊玉環女士成為大

唐楊氏增肥會所的形象代言人。

楊玉環女士以胖著稱，是唐朝第一美人，她的胖和美家喻戶曉。她高貴的氣質和豐滿的體形，和我們會所要營造的形象非常吻合。

如果您也想成為楊貴妃第二，那就趕緊加入我們大唐楊氏增肥會所吧！

選擇大唐楊氏增肥會所，圓您一個增肥美夢！

趣味專題 外國人在唐朝

近年來，居住在我國的外國人越來越多，尤其是都城長安，隨處可見高鼻子、藍眼睛的外國人，這說明長安已經開始向着國際化大都市邁進了。這些生活在長安的外國人，一般都在幹什麼呢？讓我們跟隨記者去看看。

金錢的誘惑力永遠是巨大的，經商是外國人的第一選擇。長安人口多，消費能力強，遍地有黃金，因此很多商人都來長安做生意。也有不少的留學生，他們來自各個國家，一般都是王子、公主和使臣，來唐朝參觀訪問，學習唐朝先進的文化和制度。

鏡頭一

商人 快來瞧一瞧、看一看啦！正宗的西域葡萄美酒啊！王翰的詩「葡萄美酒夜光杯，欲飲琵琶馬上催」，說的就是這種酒哦！這是皇帝招待外國貴賓的國宴飲品，保證喝了一輩子也忘不了！還有精美的突厥和龜茲人的服飾，包你穿上，立刻具有異國風味！走過路過，機會不要錯過！

鏡頭二

波斯王子 我做夢都想來長安。啊，今天我終於如願以償來到了國際大都市長安，心情那是激動得無以言表！我要把這裏最先進的技術和最好的政策帶回我們國家。我們也要像唐朝一樣強大！

當然也有很多人帶着自己的宗教信仰來到唐朝,希望可以把他們的信仰帶到這個繁華的都市!

鏡頭三

僧侶 💬 這位施主,您有宗教信仰嗎?如果沒有的話,就加入我們佛教來,吃素參禪,清心寡欲吧。什麼,您不感興趣?沒有關係,那您就加入我們隔壁的摩尼教吧。如果您還是不喜歡,可以過來慢慢選,我們還有很多其他宗教。唐朝政府實行的是宗教信仰自由政策,您可以根據您的愛好來選擇。

自然也少不了做官的。一個外國人在唐朝做官,那可不是容易的事情。這些外國人憑着自己出色的表現,獲得了朝野上下的一致讚揚。

鏡頭四

碼頭上的人議論紛紛。

路人甲 💬「你們知道嗎，晁衡今天要從這裏出發回國了。」

路人乙 💬「什麼？晁衡不是唐朝人嗎？」

路人甲 💬「他是日本人，十九歲來到唐朝。他原名叫作阿倍仲麻呂，晁衡這個名字是皇帝（即唐玄宗）給他取的。」

路人乙 💬「真是可惜了！他在這裏已經娶妻生子，而且做國家圖書館館長已經很多年了。今年他差不多有六十歲了吧。」

路人甲 💬「可不是麼，人老了就想家。他要回去，皇帝任命他為唐朝回聘日本使節，讓他以唐朝使者的身份回日本呢。聘請一個外國人做使臣，還真是第一次呀。聽說他的好朋友李白和王維還寫詩為他送行呢。」

生活在別處的唐朝人

在外國人大量湧入唐朝的同時，也有很多唐朝人走出國門，到其他國家去，成為文化交流的使者。

鑒真 💬鑒真是頭倔驢，認準的事情九頭牛也拉不回！有一年，日本僧人榮睿、普照來唐朝學習，遇到了鑒真，就請他去日本遊玩。鑒真帶了很多書籍、佛像，興沖沖地坐船去日本。可老天跟他開了一個玩笑，船遇到暴風雨，去不了了！一次不行就來第二次，誰知道第二次又遇到雷雨天氣，只好打道回府。老天好像和鑒真較上勁了，鑒真東渡了六次，六次都沒有成功。

第七次的時候，老天也被感動了，這一次鑒真順利到了日本。此時的他，已經是白髮蒼蒼的老人，眼睛也瞎了。他憑着自己淵博的學識和帶去的書籍，發展了日本佛教、法律、醫學、飲食、釀造業，受到了日本皇室和百姓的高度讚揚。

玄奘 💬唐朝著名的徒步旅行家，為了取得佛經，歷盡千辛萬苦到達天竺，然後又歷盡千辛萬苦回到祖國，還花了好幾年時間把經書翻譯成唐朝文字。順帶還寫了一本書，就是唐朝人手一本的《大唐西域記》。（詳見第二期之《有獎競猜》。）

我眼中的小人 —— 李林甫

李林甫曾經是我的副手，我當宰相的時候，他是副宰相。這傢夥一肚子的鬼主意，表面上對人笑眯眯的，一轉臉就說別人的壞話，被同事們稱為「口蜜腹劍」（嘴巴像抹了蜜一樣甜，心裏卻像有把劍，趁人不備就給人一劍）。

他是一個地地道道的馬屁精，總是千方百計去討好唐玄宗身邊的人。

有一次，我們陪着皇上（即唐玄宗）逛花園，看到池塘裏面有很多金魚，李林甫就拍馬屁說道：「這些魚是因為沐浴着皇上您的恩澤，所以才長得這麼好。」說這樣的話，真讓人惡心！於是我故意說：「這池塘裏面的魚，就像有些人一樣，只能用來裝點風景，沒有什麼實際用處。」說得李林甫臉上紅一陣白一陣的。

此後，我們的關係變得很僵，他平時都不和我說話。有一年，皇上住在東都洛陽，忽然想回長安了。我和同事裴耀卿知道這件事之後，馬上勸道：「現在是農忙季節，回去太勞民傷財，還是等一陣子吧。」

李林甫在旁邊聽着不說話，假裝瘸着腿，一個人走在後面。等我們走遠了，他對皇上說：「長安是陛下的皇宮，想回去就回去。至於那些農民，減免些農業稅就好了。如果陛下想現在出發，我馬上去安排。」唐玄宗聽了，笑眯眯地答應了，心裏對李林甫的印象就更加好了。

再後來，發生了一件事情，徹底結束了我和皇上之間的關係。皇上想提拔涼州刺史牛仙客為尚書，我極力反對。牛仙客是個大字不識幾個的文盲，提拔他別人會不服氣的。李林甫卻說：「牛仙客是文盲又怎麼樣，人家有能力。張九齡就是個書呆子，什麼都不懂。」皇上聽了，覺

得有道理，便提拔了牛仙客。

這些事情之後，李林甫越來越受皇上寵愛，不管說什麼他都深信不疑，於是李林甫趁着這個機會說了我很多的壞話，慢慢地，皇上也開始討厭我。不久，皇上就隨便找了個藉口，把我貶到外地去了。

今日財經　櫃坊存放費提高了一個百分點

如果你到長安來做生意，攜帶大量的金銀和銅錢肯定很不方便，那你可以選擇把錢存到櫃坊，繳納一定的存放費，等到有需要的時候再把錢取出來。

今天長安的許多櫃坊一下子把存放費提高了一個百分點。對於這件事，大家怎麼看呢？我們一起來聽聽下面這些人的說法——

櫃坊老板💬第一，現在越來越多的人把錢財寄放到我們這裏，我們要請保安日夜看守，要擴建房子來存放。有時候錢太多，我們還要請專人去運輸。這些都是開支，不提高存放費我們就虧了。

第二，來櫃坊存錢的人越來越多，有錢的人也越來越多。此時不漲存放費，更待何時啊？

商人💬我們無所謂，反正這些年做生意也賺了不少錢，存放費實在算不了什麼。有了櫃坊，我們做起生意來方便多了。不然帶着這麼多錢，又費力氣又不安全。在長安，大家的生活都不錯，尤其是商人，所以提高存放費完全不影響我們去櫃坊存錢。

醉仙樓推出新菜品

各位客官：

　　小店最近推出了一系列新菜品，所用蔬菜和海鮮均從國外進口，和我們大唐本地菜有着不一樣的味道。

　　早餐有「菠菜豬肝粥」。菠菜是從波斯進口的，味道鮮美，還可以調理腸胃，適合冬天養生食用。

　　主菜有「刀豆炒豬腰」，還有「甜菜肉湯」。刀豆是由印度進口的，補腎益氣，適合老人和孕婦食用。甜菜由大食傳入我國，適合貧血和冬天四肢寒冷的人食用。

　　除此之外還有海鮮大餐。我們派專人從渤海靺鞨（音同末何）運來鯔（音同茲）魚和三文魚，今天早晨剛到小店，絕對是您從未品嘗過的絕美味道。

　　飯後甜點有甘蔗糖和牛乳做成的甜食，形狀像獅子，因此被稱為「獅子糖」。甘蔗生長在熱帶地區，糖分豐富，味道甘甜可口，一直以來受到廣大甜食愛好者的歡迎。牛乳含鈣高，與蔗糖結合，口感極好，老少皆宜。

　　以上新菜品近期將舉行特惠活動，誠邀各位美食愛好者到店品嘗。

喜訊 櫻桃宴開始嘍

今天是四月初一，一年一度的櫻桃宴又要開始了，這可是一場隆重的皇家盛事哦！

這一天，皇帝會安排宮女去御花園採摘櫻桃，用竹籠子裝起來，先拿去太廟和寢陵祭祀祖先。祭祀完了之後，再把這些櫻桃裝到紫玉盤裏，分送給京城的各位官員，給大家嘗嘗鮮。九品以上的官員，都可以享受這一待遇。

吃完櫻桃，還有美味可口的甘蔗汁可以喝。這甘蔗汁還是從國外引進的呢。早在貞觀時期，唐太宗就專門派人去天竺學習怎麼製作甘蔗汁，現在我們已經熟練掌握了這項技術。

逸聞趣事 大唐藥王 —— 孫思邈

孫思邈是我大唐著名的醫藥專家，活了一百零二歲，歷經北周、隋、唐三個朝代。魏徵寫南北朝和隋朝歷史時，還要向他打聽當時的事呢。我們大唐人的平均壽命才三四十歲，這麼算來，孫思邈絕對稱得上是「神仙」嘍！

孫思邈雖然是個百歲老人，可你們知道嗎，他小時候可是個病秧子、藥罐子，家裏為了給他治病，差點傾家蕩產。不過正因為體弱多病，所以他十八歲時便立志學醫，二十歲就能為鄉鄰治病了。他精通病

理藥性，是個全能型人才，不僅內科、外科、婦科、兒科、針灸樣樣精通，還經常一邊行醫，一邊採集中藥，足跡遍佈名山大川，被尊稱為「藥王」。不僅如此，他還將我大唐之前的醫藥學成就做了系統的總結，並將平生所學彙集成巨著——《千金方》，這部巨著堪稱臨牀醫學百科全書，不知道造福了多少人哪！

招 工 啟 事

四大石窟廣招人才

敦煌莫高窟、洛陽龍門石窟、大同雲岡石窟和天水麥積山石窟被並稱為唐朝四大石窟。石窟裏面有着眾多的佛教雕像和壁畫，都是以前各個朝代的藝術家們留下的寶貴遺產。為了弘揚傳承這種文化，大唐政府決定，招聘各類人才去這四個地方建造更多的佛像。對此有興趣的人，可以參考以下要求，到大唐石窟辦事處報名。一經錄取，待遇優厚。

1. 熱愛雕刻，要求有一到三年的雕刻經驗。因為各種雕像大小不一，最大的有好幾層樓高，都要塑造得很傳神。如果沒有過硬的雕刻技術，很難勝任。

2. 熱愛繪畫，具有良好的美術功底，尤其擅長人物畫。敦煌莫高窟和龍門石窟裏面的壁畫，畫的是各種菩薩，如果人物都畫不好，就更不要說憑空畫好菩薩了。敦煌莫高窟裏面最著名的「飛天」畫像，完全是通過衣服的飄動和人物的表情來表現仙女飛到天上去的景象，所以要求畫師掌握熟練的繪畫技巧。

3. 熟悉佛教故事和典故。因為這些石窟裏雕刻的都是佛教人物，所以要求雕刻工人對佛教有一定的了解。

4. 有一顆悲天憫人的心。只有這樣才能把慈眉善目的菩薩雕刻出來。

　　5. 耐得住寂寞。這些石窟都位於荒無人煙的地方，而且完成工作需要很長的時間，耐不住寂寞的人沒法勝任這份工作。

　　6. 虛心、好學。這次會有來自全國各個地方的高手，大家都各有所長。如果不謙虛，將會給你帶來很多麻煩。

大唐石窟辦事處

訃告天下

天文學家僧一行去世

　　我朝著名的數學家、天文學家、唐玄宗的顧問僧一行今天在長安逝世，年僅四十四歲。

　　僧一行是歷史上第一個測量子午線的人，還曾率領不少機械專家製造了黃道游儀、水運渾天儀等多種天文觀測儀器。他還做過一個鐘錶，每隔兩個小時就自動撞鐘一次。

　　僧一行於開元十三年（725 年）開始修訂曆法，歷經兩年完成了這本曆法的初稿，並定名為《大衍曆》。由於勞累過度，他一病不起，在長安與世長辭。

　　社會各界人士出席了僧一行的葬禮，其中包括王公貴族、寺院僧侶和他一起工作的同事，以及自願前來悼念的百姓。各地還舉行多種儀式來紀念這位英年早逝的天文學家。

廣 而 告 之

陸羽舉行《茶經》簽售儀式

　　陸羽，人稱「茶聖」「茶神」，是我朝茶文化界的知名人物。他的《茶經》是一本關於茶文化的百科全書，連續多年被評為「大唐愛茶人必看書籍」NO.1。唐朝的茶文化非常發達，上至王公貴族，下至平民百姓，日常生活都離不開茶。茶也是招待客人和饋贈親友的第一選擇。

　　本月初八上午巳時，陸羽先生將於茗香茶樓舉行《茶經》簽售活動，請各位粉絲準時參加，有精美禮品相贈哦！

1. 下面哪位是唐朝著名的書法家？

A. 張旭　　B. 李龜年　　C. 雷海清

2. 東渡七次，終於到達日本，為中日交流做出巨大貢獻的是：

A. 玄奘　　B. 鑒真　　C. 晁衡

3. 被尊為「藥王」的是：

A. 華佗　　B. 孫思邈　　C. 張仲景

4. 我國歷史上第一個測量子午線的人是：

A. 僧一行　　B. 張衡　　C. 郭守敬

答案：1.A　2.B　3.B　4.A

5

安史之亂

七五五年～七六二年

◎什麼事件讓唐朝由盛轉衰，並且一蹶不振？

◎是誰幾次打退叛軍，被大唐皇帝視為「救命稻草」？

◎李隆基的前半生享盡了榮華富貴，晚年是什麼樣的情景？

◎亂世出詩人。李白、杜甫等，會在自己的詩裏講述什麼樣的故事？

◎看完這一期，可能你會掩卷歎息：「拿什麼拯救你，我們的盛世大唐？！」

號外新聞 安祿山和史思明叛亂

號外！號外！今天（755 年 12 月 16 日），唐朝發生了一件驚天動地的大事：安祿山和史思明叛亂了！這件事震驚了朝野上下。時間緊迫，我們將立即趕往現場，第一時間為您帶來最新報道。

報道一

安祿山身兼三個地方的節度使，聯合其他的少數民族，號稱有二十萬軍隊，以討伐楊國忠為名，在范陽起兵。

范陽縣令 💬 這些年國家太平，內地沒有打過仗，現在忽然面對這場突如其來的戰爭，大家都不知道怎麼辦才好。先不說了，敵人殺過來了，我要趕緊逃命。

報道二

唐玄宗知道安祿山叛亂了，氣得差點暈了過去。他馬上派人防守，任命兒子李琬為元帥，還派出了西北邊軍的哥舒翰、高仙芝等名將。

李琬 💬 老爸你就放心吧，有我在，打敗安祿山就是小菜一碟！

報道三

觀眾朋友們，這裏是馬嵬坡，現在情況非常複雜：潼關被攻破，皇帝帶着楊貴妃丟下長安，倉皇出逃。到了馬嵬坡，軍隊要求處死楊貴妃，理由是楊貴妃一家人極度奢侈，花費的都是百姓的血汗錢，而且，皇帝為了她荒廢朝政、寵信楊國忠在內的一干佞臣，不處死楊貴妃，難平民憤。皇帝自然是不同意，現在雙方正在進行激烈的談判。

龍武大將軍陳玄禮💬談判結果出來了，判處楊國忠和楊貴妃死刑，由高力士執行。這兩個心腹大患終於除掉了，這是我們的勝利啊！現在我們要護送皇帝去蜀地了。

報道四

李隆基狼狽地逃到四川去了，太子李亨在靈州登基（後世稱為唐肅宗），李隆基被尊為太上皇，沒了實權。大將郭子儀出馬，聯合李光弼，打敗了史思明，收復了河北一帶。

李光弼💬我現在的生活只有兩個字——「打仗」。我已經好幾天沒有脫下戰袍了，平時都是在馬上度過的，睡覺也絲毫不敢放鬆警惕。

報道五

757 年，安祿山被他的兒子安慶緒所殺，在今年（761 年），史思明也遭遇了同樣的命運，他的兒子史朝義結束了他的生命。不久，史朝義也被逼自殺，歷時七年零兩個月的安史之亂終於結束了。

士兵李勇💬我終於可以回家去看我爹我娘了。打了這麼久的仗，不知道他們還在不在？

情感點評 # 拿什麼拯救你，我的大唐

自安史之亂後，整個大唐的中央機關已經是雞飛狗跳，亂成一團了。現在當家的皇帝是李亨（唐肅宗）。如今，戰亂已經結束，但是災難遠遠沒有結束，那個豪氣沖天、雍容華貴的盛世唐朝已經像一朵凋零的花，再

也沒有力氣怒放了。但日子還得繼續，經過這樣一場戰爭，百姓的生活變得非常困苦，藩鎮割據勢力依然存在，唐朝政府也變得力不從心。

拿什麼來拯救你，我的盛世大唐？！

記者述評 功臣們的風采

郭子儀	
戰鬥力	★★★★★
謀略指數	★★★★
人氣指數	★★★★★

郭子儀打了一輩子的仗，到八十四歲才退休。每一次有戰爭，只要皇帝一喊：「郭子儀，趕緊來救命啊！」郭子儀就會挺身而出去打仗。可以說，沒有郭子儀，大唐至少要少二十年的和平日子。

安史之亂發生的時候，他擔任朔方節度使，收復了洛陽和長安。這兩座城市可是我朝的首都，郭子儀的功勞可不小。代宗的時候，大將僕固懷恩被逼謀反，聯合吐蕃、回紇進攻唐朝，又是郭子儀想辦法聯合回紇，打擊吐蕃，再次平定叛亂。

人人都說功勞太大的人容易引起皇帝猜疑，但是郭子儀是個例外。皇帝把自己的女兒升平公主嫁給他的兒子郭曖。有一次，小兩口吵架，郭曖出言不遜，說公主沒什麼了不起，嚇得郭子儀趕緊進宮向皇帝道歉，可皇帝一點兒也不生氣。

他去世之後，皇帝哭着為他送行。生前死後，他都受到了大家的尊重。

顏真卿	
戰鬥力	★★★
謀略指數	★★★
人氣指數	★★★★

顏真卿不僅是位大書法家，還是位將軍。安史之亂發生後，他和自己的堂哥顏杲卿、侄兒顏季明帶兵抵抗，附近的十七個郡縣紛紛響應。安祿山也不是吃素的，沒隔多久就把顏杲卿和顏季明抓住，安祿山勸父子倆投降，父子倆大罵叛賊，被殺害了，接着顏家上下三十幾口人也全都被殺。顏真卿懷着非常悲憤的心情，寫下了著名的《祭侄帖》。

安史之亂平定後，軍閥李希烈在河南稱王，專門和中央政府對着幹。皇帝決定派一個人去勸勸李希烈。派誰去最合適呢？大臣盧杞想藉李希烈之手除掉顏真卿，於是極力推薦顏真卿去。七十四歲高齡的顏真卿受命去勸說，結果真的被李希烈殺害了，成了唐人敬仰的烈士。

張巡	
戰鬥力	★★★★★
謀略指數	★★★★★
人氣指數	★★★

張巡是出名的有勇有謀的大將，有一回，令狐潮造反，張巡奉命去對付他。令狐潮有四萬人，而張巡只有少得可憐的三千人。勝利是沒戲了，張巡只好派人送了封投降書過去。令狐潮一接到這封信，高興得差點沒敲鑼打鼓，當天晚上就舉行了一個篝火大會。張巡趁着他們都喝酒去了，晚上派人前往偷襲，把令狐潮殺了個人仰馬翻，氣得令狐潮發誓要把張巡的頭砍下來當球踢。

沒多久，令狐潮把張巡圍在了雍丘，一圍就是四十幾天，張巡的

糧食和箭都不夠了。一天晚上，令狐潮接到士兵來報，說看到幾千個黑衣人從城牆牆頭爬下來，應該是張巡的士兵。令狐潮一聽，立馬派人射箭，準備把這群人射成刺蝟。到了第二天才發現，這些都是稻草人，上面密密麻麻插着無數支箭。張巡把稻草人拉上去，箭回收利用，牆下面的令狐潮又差點活活氣死。

接下來好幾個晚上，令狐潮的士兵都看到有黑衣人從牆頭爬下來。他們又好氣又好笑，覺得張巡實在是貪得無厭，還想再騙箭，也就不再防備。一天晚上，黑衣人又出現了。這次可不是稻草人，而是張巡精心挑選的士兵，令狐潮一點準備也沒有，又被殺了個措手不及。

安史之亂中，張巡以幾千兵力，在內無糧草、外無援兵的情況下死守睢陽近兩年，殺傷敵軍十二萬，直至最後彈盡糧絕，英勇就義，真是個了不起的大英雄。

獨家爆料　李隆基孤獨的晚年

前半生享盡榮華富貴的李隆基（唐玄宗），卻落了個晚景凄涼。安史之亂之前，他的生活可謂是充滿了陽光：事業成功 —— 開創了開元盛世；愛情也成功 —— 有楊貴妃陪在身邊；業餘愛好也那麼成功 —— 自己編排了舞蹈《霓裳羽衣曲》。這真可謂成功的典範啊。

誰知這些東西都像是精美的玻璃製品，看着非常美麗，但是被安史之亂一折騰，全都打得粉碎。

他凄凄慘慘跑到蜀地，中途還不得不親自下令殺死楊貴妃。雖然後來回到了長安，但是他兒子當了皇帝，自己卻成了一個沒有用處的太上

皇。一山不容二虎，他這個太上皇讓他的兒子心裏非常不舒服。他本來住在興慶宮，但李輔國藉口說不安全，把他搬到荒涼的太極宮去了。

　　既然不能出宮，找幾個人聊聊天也好。「白頭宮女在，閒坐說玄宗」，宮女們都可以聊天，說說開元盛世，再找幾個人來回憶一下往昔崢嶸歲月，也是一件美事啊。可惜這樣一個小小的願望也不能實現。他的親信高力士被今上李亨流放到巫州去了，侍衛陳玄禮也被提前辦好了退休手續。只剩下李隆基一個人，孤獨地守着無聊的歲月。

趣味專題　大唐詩歌擂台賽

　　親愛的觀眾朋友，大家好！唐朝是詩的王國，上至帝王將相，下至村野匹夫，舉國上下萬民寫詩。唐朝是詩的鼎盛時期，詩人多多，只要是著名的詩人，一般都有一個響當當的名號。那麼這些名號是怎麼來的呢？下面就請詩人們一一講述。（掌聲雷動）

　　（第一位入場的是李白，他喝了點酒，非常興奮）朋友們，你們好嗎？我是高產詩人李白，愛寫詩，也愛喝酒。對我來說，酒就是詩，有

酒就有詩。

開心的時候要喝酒：「人生得意須盡歡，莫使金樽空對月。」難過的時候也要喝酒：「抽刀斷水水更流，舉杯消愁愁更愁。」一個人的時候要喝酒：「花間一壺酒，獨酌無相親。」有人在也要喝酒：「兩人對酌山花開，一杯一杯復一杯。」喝醉了的時候，皇帝來了我也不搭理他：「天子呼來不上船，自稱臣是酒中仙。」有錢要喝酒，沒錢創造條件也要喝酒：「五花馬，千金裘，呼兒將出換美酒。」喝酒才是最重要的事。

但是不要以為我是個只會喝酒的酒鬼哦，我也是有理想有抱負的。「仰天大笑出門去，我輩豈是蓬蒿人」說的是我；「十步殺一人，千里不留行」說的也是我；「苟無濟代心，獨善亦何益」說的還是我；「但用東山謝安石，為君談笑靜胡沙」說的更是我。

這就是我 —— 李白，愛我就請支持我！

評委賀知章：

讀了李白的詩歌，真讓人大呼過癮。這樣的人，簡直不是世間之人，或許是天上被貶下凡間的仙人吧。他實在可以稱得上是「詩仙」！

我就是王維。

大家好，剛才我彈的是新創作的曲子《鬱輪袍》。

（第二位上台的是王維，他彈着琵琶，白衣飄飄，玉樹臨風的氣質讓台下好幾個觀衆癡迷得暈過去了）大家好！我是王維，除了詩歌之外，我還很喜歡音樂。剛才為大家帶來的那首曲子就是我自己創作的《鬱輪袍》。這首曲子，就連大名鼎鼎的玉真公主聽了都連連叫好。

我的愛好很廣泛，音樂、詩歌、書法、繪畫，

我都很擅長，其中寫詩是我的最愛。詩歌分為很多種，有豪放詩、婉約詩、邊塞詩、山水田園詩⋯⋯其中，我最拿手的是山水田園詩。我的詩歌和繪畫都表現了自己對祖國大好河山的熱愛。還有一個人和我的愛好一樣，他就是孟浩然，大家並稱我們為「王孟」。

我媽信佛教，我的字就是根據一本叫《維摩詰經》的書名取得的（王維，字摩詰）。我從小受母親的影響很大，喜歡簡單的生活，所以我的詩歌也是很簡約的。

評委蘇軾（從宋朝穿越而來）：

欣賞王摩詰的詩，詩中有畫；品味王摩詰的畫，畫中有詩。而且他的詩歌淡雅飄逸，有佛教出塵脫俗的味道。他真稱得上是「詩佛」啊！

（第三位上台的是杜甫，他拄着拐杖，一臉嚴肅）大家好，我是杜甫，和李白一起組成了一個組合叫「大李杜」。我聽說李商隱和杜牧是我們的粉絲，他們倆合在一起組成了「小李杜」。

我生活的時代，遇上了安史之亂，整個大唐都處在風雨飄搖之時，百姓們更是處於水深火熱之中。詩歌應該表現百姓真實的生活。抱着這個想法，我詩歌的主題都是國計民生。我寫的離別三部曲《新婚別》《無家別》和《垂老別》，以及官吏三部曲《石壕吏》《新安吏》和《潼關吏》就體現了這一點。

詩歌嘛，要源於生活、反映生活才有意義。

我是杜甫，我為老百姓代言。

杜甫的詩太感人了。

詩聖

杜甫集歷代詩人之大成，而自為一體。在他的詩裏，沒什麼是寫不了的，而無論體裁之廣，還是風骨之高，都是超越前人。依我看，杜甫是比李白還要偉大的詩人！

（第四位上台的是白居易）大家好！我是白居易，我的詩歌不僅本國人喜歡，外國人也很欣賞。尤其是在日本，我的詩集《白氏長慶集》銷量很好。

我年輕的時候寫了大量的諷喻詩，後來因為很多原因，我被貶為江州司馬，心情別提多沮喪了。在這段日子裏，我經常和朋友們划船喝酒。有一次遇到一個彈琵琶的女子，勾起了我的失意之情。由於我們有着相類似的遭遇，於是我流着眼淚，寫下了《琵琶行》。

後來，我把唐玄宗和楊貴妃的故事寫在《長恨歌》裏面。這首詩一面世就受到了大眾的熱烈歡迎。

寫詩就是為了給別人看的，我寫的詩歌，連文化水平不高的平民百姓都可以理解，這也算是詩歌文化的普及教育了吧？

我的詩通俗易懂，我是為老百姓寫的！

詩魔

大媽粉絲團

老百姓支持您

大眾評委王二：

白居易不僅天生聰明，更加難得的是他後天也很努力，寫起詩來勤奮刻苦，有時候為了一首詩，可以不吃不喝，好像着了魔似的，真可以稱得上是「詩魔」啊！

尊敬的吳道子先生：

　　您好，我是您的一名鐵桿粉絲，每一次看到您畫的畫，都會激動得熱淚盈眶。我曾經在洛陽和長安的很多寺廟中看到過您畫的佛像，加起來大概有三百面牆，每一個佛像的神態都不一樣，活靈活現。更加傳神的是，您畫的佛像都那麼生動，好像一陣風吹來，滿牆壁上神佛的衣服都在飄動。

　　我還聽說您畫畫的速度非常快。有一次，玄宗皇帝讓您去嘉陵江寫生，回來後問您畫得怎麼樣了，您說您沒有打草稿，所有的風景全部都記在腦子裏了。您當場在大同殿的牆壁上作起畫來，一天的時間就把嘉陵江三百里的風景全部畫好了。玄宗皇帝看了都拍手叫好。同樣的風景，大畫家李思訓花了好幾個月才畫完。

　　聽說您在景雲寺畫了一幅《地獄變相》，裏面畫的那些地獄的情景非常恐怖，看的人覺得寒毛都豎起來了，甚至很長一段時間，街上都沒有賣肉的了。我開始還以為這是大家誇張的說法，直到親眼看到，才相信大家說的都是真的。我自己就做了好幾個晚上的噩夢。

　　現在評出唐朝畫畫最好的前三名是：「吳道子，吳道子，吳道子」。哈哈，大家都尊稱您為「畫聖」。我真誠希望您可以收我為徒，哪怕只是給您打打下手，端茶送水我也願意。

　　祝您身體健康，工作順利！

忠誠的追隨者敬上

五十歲才學寫詩的詩人

編者按💬高適，唐朝著名的邊塞詩人，代表詩作有《別董大》：千里黃雲白日曛（音同熏），北風吹雁雪紛紛。莫愁前路無知己，天下誰人不識君。

我爸是唐朝的一名官員。在他去世之前，我的日子還算幸福，之後，日子就不好過了。後來，我沒有錢，只好去求別人賞飯吃。

雖然生活過得非常艱難，但我沒有像其他讀書人一樣為了當官去考試。我跟着李白、杜甫幾個朋友到處遊玩，到五十歲的時候，才開始寫詩。雖然起步比較晚，但我寫出來的詩還是很受大家歡迎的，沒過幾年，我高適的大名就到處傳開了。

宋州刺史張九皋（音同高）覺得我不錯，給了我一份事情做，主要的任務就是帶着手下的人挨家挨戶去收稅。我不想威逼百姓，覺得這份工作不適合自己，思前想後，只好辭職，跑到甘肅去找機會了。甘肅屬於唐朝的邊境地區，在那邊我寫了不少邊塞詩。

在甘肅，我遇到了河西節度使哥舒翰。哥舒翰很喜歡我，讓我給他做秘書。他還經常在皇上面前幫我說好話呢。

安祿山造反之後，皇上（唐玄宗）叫哥舒翰守好潼關，但是哥舒翰接連打了幾個敗仗，潼關失守了。我趕緊對皇上說：「陛下，您還是去四川避一避吧。」皇上覺得這個主意不錯，就採納了。

第二年，永王李璘在揚州起兵，皇上（唐肅宗）派我去對付他。收拾完李璘之後，我想這下皇帝應該非常信任我了吧？誰知道半路殺出了李輔國，他天天在皇帝面前說我的壞話，最後我被調到四川去做刺史了。但是在唐朝的著名詩人中，我是難得的官運好的一個了。

自食其果的魚朝恩

記者先生：

　　你知道魚朝恩嗎？他現在可是皇帝身邊的大紅人哪！別看他只是個宦官（就是太監），他現在做的官，卻是很多讀書人和將士們努力一輩子也達不到的。

　　你問他是怎麼發跡的？那說來就話長了。他開始只是唐肅宗身邊一個打雜的宦官，因為聰明伶俐，唐肅宗很喜歡他，就派他做大將軍李光進和李光弼的監軍。你說他一個宦官，怎麼懂得打仗嘛！我覺得皇帝這個決定實在太傻了。有一次，唐肅宗聽了他的建議，要李光弼去攻打洛陽，結果在洛陽北邊的邙山打了一仗，敗得特別慘，把河陽和懷州都丟了。魚朝恩自己也落荒而逃，跑到陝州去了。

　　到了今上（唐代宗）的時候，他又冒了出來。這次是吐蕃軍隊打了過來，今上着急着要逃到陝州去避難。可由於事出匆忙，軍隊短時間內難以集結，今上急得團團轉。這時魚朝恩帶着神策軍過來，總算解了圍。從此之後，今上就對魚朝恩非常寵信，讓他當了大官，還讓他隨便進出皇宮。

　　當了大官的魚朝恩囂張起來，連走路都是橫着走的。他還自己設了一個監獄，看不慣誰就把誰扔進去。

　　今上沒想到自己居然養了這樣一個人在身邊，非常後悔，於是派宰相元載暗中監視他。寒食節那天，今上在皇宮舉行宴會，請官員都去參加。宴會結束之後，今上假裝要和魚朝恩議事，把他留下來，等只剩下他一個人時，就派人將他抓住關了起來。

　　真是活該！那些在邙山之戰中死去的兄弟們，你們現在可以瞑目啦！

唐朝某軍隊軍官

世間再無李白

　　親愛的觀眾朋友，唐朝最著名的大詩人李白去世了！全國人民得知這個消息都非常震驚、悲痛。《中國歷史報》也推出了特別欄目《閃亮的星星 —— 詩仙李白》。這裏先通過幾幅圖，向大家簡單介紹一下李白的一生。

　　請看第一幅圖。圖上畫着楊貴妃在磨墨，高力士蹲在地上替李白脫靴子。這是有一次唐玄宗叫李白去寫詩，碰巧這位大詩人喝醉了。醉得不省人事的李白一定要楊貴妃給他磨墨、高力士給他脫靴子才肯寫詩。楊貴妃和高力士當時可是皇帝最寵愛和最信任的人，李白這不是表明自己對權貴的蔑視嗎！

　　再來看第二幅圖。有一個男人和李白站在一起，這個人就是唐肅宗李亨的弟弟 —— 永王李璘。安史之亂之後，李白去給永王李璘做事，還寫了一首詩《永王東巡歌》來讚美李璘。後來李

璘造反失敗，李白也被牽扯了進去。幸好他以前對大將軍郭子儀有救命之恩，郭子儀苦苦為他求情，李白才保住了性命。

這裏還有一幅很有意思的圖畫。畫面上，有一個人騎着一條龍朝着月亮飛去。這幅畫畫的是李白之死。有人說李白在船上喝醉了，看到水中的月亮非常可愛，就跳下水去捉月亮。同伴等了很久也沒有看到李白游上來，還以為他被淹死了，哪知道忽然一條龍從水裏飛出來，李白騎在龍身上，朝着月亮飛走了。

不管詩仙李白是病死的，還是坐着龍飛走的，總之，他的死是我們整個大唐的損失，我們永遠失去了李白。

1. 平定安史之亂，功居首位的是：

   A. 郭子儀　　B. 顏真卿　　C. 張巡

2. 以下哪句不是李白的作品？

   A. 人生得意須盡歡，莫使金樽空對月。

   B. 花間一壺酒，獨酌無相親。

   C. 朱門酒肉臭，路有凍死骨。

3. 王維最拿手的詩歌風格是：

   A. 山水田園詩　　B. 邊塞詩　　C. 豪放詩

4. 以下哪首詩不是白居易的作品：

   A.《琵琶行》　　B.《長恨歌》　　C.《麗人行》

5. 在我國歷史上，被稱為「畫聖」的是誰？

   A. 吳道子　　B. 蘇東坡　　C. 李思訓

答案：1.A　2.C　3.A　4.C　5.A

6

大唐衰落

◎遇到叛亂怎麼辦？皇帝說：「我會逃跑！」

◎生活難熬怎麼辦？袁晁說：「我會造反！」

◎看上想要的東西怎麼辦？宦官說：「我會搶！」

◎遇到不順眼的事怎麼辦？韓愈說：「我會罵！」

◎這段歷史究竟發生了什麼事情呢？別急，本期一一為你道來。

皇帝必學招數 —— 逃跑

唐朝後期的皇帝有一門必學的武功，學好了這門武功，關鍵時候可以保住性命。雖然不怎麼光彩，但是性命攸關的時候，誰還管那麼多！這門武林絕學就是 —— 腳底抹油，逃跑！

在唐太宗時期，只有別人看到皇帝來了拔腿就跑的，還從來沒有見過皇帝們自己逃跑的。那麼從什麼時候開始，皇帝們變得需要學這門武功了呢？答案就是：安史之亂爆發以後。

唐玄宗曾經匆匆忙忙跑到了蜀地，最後身邊的人越來越少，非常狼狽。現在又有一個人用到了這門武功，那就是我們的當朝皇帝（唐代宗李豫）！

為了滅掉安祿山和史思明的叛軍，我們把可以用的軍隊都用上了，連在西北守邊關的軍隊都調了回來。吐蕃人趁着這個機會，騎着馬大搖大擺，一口氣佔領了十幾個州，然後把隊伍拉到長安城下面，準備攻長安城。

郭將軍，你掩護！
我先撤了啊！

皇帝嚇得趕緊跑到陝州（今河南西部）去了。這下長安遭了殃，吐蕃人進去大肆搶劫，殺人放火，老百姓值錢的東西都被搶劫一空。到了冬天老百姓沒有被子蓋，只好撿破紙蓋在身上。

皇帝最後任命郭子儀為將軍，去和吐蕃人打仗。郭子儀知道自己可用的士兵太少，硬拚是行不通的，只好和吐蕃人玩心理戰術。他白天在山野插滿旗幟，晚上到處點上篝火，讓吐蕃人以為唐軍有很多人。並且，他還派人打扮成老百姓的樣子，去長安城散佈消息：「你們知道嗎？郭子儀帶着大軍來了。你問人數？特別多，最少也有幾十萬人。」

吐蕃人和郭子儀打過仗，一向就很怕郭子儀，聽說他帶着大部隊過來，心裏很害怕，趕緊收拾東西跑了。

逃跑的皇帝這才回到了長安。

頭條新聞 李輔國在家中被人暗殺

今天凌晨，本報記者接到重大消息：大唐重要官員李輔國被人暗殺了。皇帝聽聞後，感到非常震驚，立刻派人去全國各地查找兇手，並派人去李輔國家裏，安慰他的家屬。

為什麼皇帝這麼重視這件事呢？原因就是早在先皇唐肅宗病重的時候，皇后張良娣想立越王李係為帝。關鍵時刻，李輔國帶人殺了張良娣，把太子李豫扶上了皇帝的位置。因為這件事，皇帝很感激李輔國，就算他經常不把自己放在眼裏，也還是忍了。

李輔國仗着自己手裏握着兵權，看誰不順眼就修理誰，他甚至對皇帝說：「你住在這宮裏就好了，外面的事情我來處理！」無論皇帝做什麼

事，都要先向他報告，下面的官員就更不用說了。皇帝非常鬱悶，對李輔國有很多的不滿。現在李輔國死了，這對於我朝來說，未嘗不是一件好事。

現在他被人暗殺在家裏，關於他的死，有好幾種猜測。

猜測一：李輔國生前得罪了不少人，說不定是他的仇家找人殺了他。

猜測二：看不慣李輔國作威作福的人太多了，可能是哪一個看不慣他的人殺了他。

猜測三：可能是皇上忍他太久了，找人假扮殺手殺了他，然後假裝發通緝令掩人耳目。

袁晁自述　我的起義經歷

編者按 💬 袁晁（音同潮），唐代中葉最大的一次農民起義軍的領袖。雖然起義以失敗告終，但對統治者的震撼和對社會的影響非常巨大。

這幾年一直在打仗，我們的日子一天比一天慘，那些做官的還經常來搜刮老百姓。你說這和強盜有什麼區別？我氣不過，就帶着人造反了。

這幫當官的也太沒用了！別看他們平時兇巴巴的，一到關鍵時刻，膽子小得像老鼠一樣。我們剛佔領台州，當地官員就連夜帶着老婆孩子溜走了。好幾個地方都是這樣，只有在攻打信州的時候，和官員張鎬打了一仗。張鎬這家夥太陰險，帶人埋伏在路上，把我們打了個措手不及，害得我死了幾千個兄弟。

慢慢地，我們有了打仗的經驗，很快就佔領了溫州、明州等一大片地區。每到一個地方，我們就殺了當官的，燒了他們的房子，把有錢人

的錢搶過來分給大家。所以這些人都很怕我們，一聽說我們來了，跑得比兔子還快。

我們的人數越來越多，最後有二十多萬人。皇帝知道後，派了很多軍隊準備來消滅我們。其他人我都不怕，就怕那個打仗很厲害的李光弼，他可是和郭子儀齊名的大將啊！

我們這群人哪能和常勝將軍李光弼比呢？沒多久我就被他們抓住了。雖然我被抓住了，但是我聽說弟弟袁瑛繼續帶着大家造反，真不愧是我的好弟弟！

不管怎麼樣，我們是不會服輸的！

（摘自《袁晁回憶錄：看小農民如何反抗大唐》）

唐德宗日記　丟臉的逃跑經歷

建中四年（783年）九月初六　晴

皇帝的日子真是不好過啊！這不，上個月李希烈帶了三萬多人圍住襄陽，準備打仗。我只好趕緊寫信給在涇原帶兵的姚令言，要他帶人過來解圍。這場仗打了沒多久，姚令言的士兵竟然說我沒有給他們賞賜，供應的飯菜又都是糙米和素菜，也要造反。一個李希烈已經夠我頭疼的了，再加上姚令言帶領嘩變的涇原士兵，肯定沒有我的好果子吃。我趕緊帶着老婆、孩子逃跑了。（這就是歷史上著名的「涇師之變」）

這時跟在我身邊的，居然只有幾十個宦官。唉，現在看來，他們才是我最親近的人啊！

真是豈有此理！我逃到奉天後，聽說那些涇原士兵在長安城大肆搶劫，簡直像一群強盜。武將朱泚（音同此）在這個時候居然自立為王，氣死我了！這些人的膽子真是越來越大，看我回來後怎麼收拾他們！我要馬上下令，讓長安附近帶有兵馬的，統統來救我。

啦啦啦，這幾天我的心情好極了，因為每天都接到好消息：節度使李晟（音同勝）帶着一萬多人到了東渭橋；節度使李懷光帶着五萬多人到了蒲城；兵馬使尚可孤帶着三千多人收回了被朱泚佔領的藍田；節度使馬燧帶着五千多人到了中渭橋；節度使駱元光帶着兩千多人到了昭應……哈哈，看來我的話還是有人聽的嘛！

又出事了！一想到這些事情我就頭痛不已！這次鬧事的是李懷光。他幫我打跑了朱泚，我對他充滿了感激，但是宰相盧杞嫉妒他的功勞，不讓他來見我。李懷光以為我不喜歡他，心裏難免不舒服，就偷偷地和朱泚聯繫，也準備謀反。

還等什麼，趕緊跑啊！雖然大家都勸我不要再跑了，我可不管，還是性命最重要呀！這次我要去梁州。

　　李懷光安排了三個人埋伏在路上，只等我從這邊走過時就暗殺我。幸好那三人還有點良心，想着平時拿的是我發的工資，所以才放了我一條生路。真是太驚險了，我嚇得腿都軟了。

　　李懷光他們發生內訌，自己上吊自殺了。在外面跑了大半年，我總算可以回長安，舒舒服服地當我的皇帝了。通過這次事件，我知道自己有很多地方做得不對。打了這麼久的仗，死了這麼多人，我太對不起天下的老百姓了。我和宰相陸贄（音同致）商量好後，決定好好地寫一封檢討書，向全天下的人承認自己的過錯，請求他們原諒我。

今日頭條　皇帝的檢討書

　　我知道，要治理好一個國家，就要真心實意地去做事，心裏要裝着老百姓。我當皇帝沒多久，就為了保命東奔西跑，把祖宗的廟宇都給丟棄了。這非常不應該，我已經認識到自己的錯誤了。

　　我長年生活在宮中，不知道老百姓耕田種地所受的苦，不理解保衛國家的將士們所吃的苦。老天責備我，我不知道；百姓怨恨我，我也不知道；以至於現在刀兵四起。我既對不起祖宗，也對不起天下黎民百姓……

誰說錢不重要

陸贄：

上次如果沒有你替我寫那封檢討書，大家肯定不會這麼容易就原諒我。我一直把你當成自己最信任的人，所以現在才會放下皇帝架子來勸你。

我聽說你從來不收人家送給你的禮物。你和刺史張鎰（音同益）是好朋友。張鎰雖然年紀比你大，但是一直很欣賞。有次他要送你一筆錢，說：「回家給你母親買點東西。」可是你偏偏不肯要，只接受了他送的一點茶葉。依我看，你真是太傻了，人家送給你的東西，你幹嘛不要？

陸贄，做人不要這麼死板嘛！你是宰相，自然有人想要巴結你。人家辛辛苦苦準備了一些禮物要給你，就收下嘛。如果你不收，豈不辜負了人家的好心？做官是要清廉，但是也要會變通。

我剛當上皇帝的時候，也很討厭這樣的事情。為了節約開支，我還頒佈了很多禁令，不准地方的官員進貢。如果身邊的人收受賄賂，我還會毫不留情地處罰他們。

可是自從我逃到奉天去之後，就知道錢有多重要了。沒有錢，就沒有人給你打仗；沒有錢，你就要餓肚子。就算我是皇帝，全天下都是我的，我還是知道錢的重要性，更不要說你一個宰相了。

所以我現在再也不會像剛開始那樣傻乎乎地頒佈什麼禁令了。如果有外國使者來拜訪我，沒有帶禮物可不行；禮物帶少了也不行。而且，我還發明了一個很好用的撈錢方法 ——「宣索」，就是每年安排宦官去向下面的官員們討要東西。所以，你就像我一樣，「變通變通」吧！

李适（唐德宗）

皇帝李适對宦官態度的轉變

第一時期：登基之初

李适（音同闊）剛做皇帝的時候，對待宦官，那叫一個嚴厲。登基才一個月，就賜死了心懷不軌的宦官劉忠翼；對於敢私自收禮的宦官，他給予的懲罰也非常重。

宦官一 💬最近我們的日子可真是不好過啊，也不能隨時隨地收禮了！而且，有什麼事情皇帝也不聽我們的意見。還是他爹唐代宗在的時候好啊！

第二時期：宦官才是最可靠的人

涇師之變發生之後，皇帝李适為了保命，匆匆忙忙跑到奉天。由於來不及召集軍隊，在逃跑的過程中，跟在自己身邊的只有部分宦官。這件事給他留下了深刻的印象。他開始覺得武將們都靠不住，只有宦官才是忠心耿耿的。

宦官二 💬皇帝可能是被我們感動了，對我們的態度改變了很多，也不對我們大喊大叫了。有時候他和官員們商量什麼事情，還會問問我們的意見。偶爾我們偷點什麼東西，他也睜一隻眼閉一隻眼。可惜這是在打仗，不然這日子就好過了。

第三時期：沒有自己的軍隊是不行的

在這次逃亡過程中，皇帝李适感悟到自己沒有禁衛軍實在是不安全，所以他開始想建立一支屬於自己的軍隊。把這支軍隊交給朝廷的人

肯定是不行的，只有交給宦官才和放在自己手裏一樣安全。

宦官三 💬 聽說皇帝要在宦官中選一個人給他管軍隊，這可是前所未有的事情呀！誰要是被他選中了，那吃香的、喝辣的就不用愁了。

第四時期：神策軍的變化

羽林軍、龍武軍、神策軍是唐朝不同時期最厲害的三支部隊。在回到長安幾個月之後，皇帝李适就把神策軍分為東西兩廂，分別讓宦官竇文場和霍仙鳴帶領。不久，又增加人數，把東西兩廂擴充為左神策軍和右神策軍，從此，神策軍的大權就全部落入宦官手中了。

宦官四 💬 竇文場和霍仙鳴被選去當神策軍的老大了，真是風光啊！連我們這些人也沾了不少光。現在看誰還敢不聽我們的話？看誰還敢不把我們放在眼裏？

第五時期：這是我規定的制度

為了更好地監督各地的藩鎮軍隊，皇帝李适派了很多宦官去做監軍，監督軍隊的一切事務。這樣，一旦有什麼風吹草動，朝廷馬上就可以知道。貞元十一年（795年），他規定，以後每一個地方的藩鎮軍隊都必須接受宦官的監督。與此同時，他還派人為做監軍的宦官製作了專門的印鑒。

宦官五 💬 今天我領到了皇帝給我的印鑒，以後，這些藩鎮就要看我的臉色行事。一旦把我惹得不開心，我就去皇帝那兒告狀，說他要謀反，到時候讓他吃不了兜着走。反正現在皇帝特別信任我們，說什麼他都會相信的。

劉晏為整個大唐管錢

每個家庭都會有一個管錢的。國家也是一樣，現在給我們唐朝管錢的人名叫劉晏。劉晏小的時候就很聰明，十歲那年，被唐玄宗請去看表演，還當場寫了一首詩。唐玄宗一看，這小孩的詩寫得挺不錯呀，於是就送了他很多東西，不少家長都希望自己的小孩也能像劉晏一樣。

長大之後的劉晏擔任了財政部長。經過安史之亂，國庫裏的錢花得都差不多了，所以賺錢的任務就落到了財政部長的身上。

劉晏不愧是神童，上任沒多久，先把糧食問題解決了。長安是首都，人口很多，糧食不夠吃，每一年都要從江淮地區用船運糧食到長安。如果河道不通，糧食就沒法正常運送。劉晏下令把河道疏通，還在沿途修了好幾個中轉站，把運輸路線分成好幾段，運送起來，又輕鬆又方便。當第一船糧食到達長安的時候，可把皇帝給高興壞了，帶着人敲鑼打鼓地去迎接劉晏，還親自拉着他的手說：「你真是我的蕭何呀。」

遇上收成好的時候，劉晏

看看 GDP 的數據，
知道誰是人才了吧！

GDP

人才

下令大量收購糧食；等到收成不好，糧食價格很貴的時候，再低價把之前收購的糧食賣給老百姓。老百姓得了好處，國家也賺了不少錢。這個方法讓大家都拍手叫好。

安史之亂後，唐朝的鹽開始由國家統購統銷，很多黑心腸的官員趁着這個機會，把鹽賣得很貴，老百姓沒錢買，連鹽都吃不起了。劉晏知道之後，便裁掉很多官員，鹽由國家統一收購，然後以一個合理的價格賣給商人，再讓商人去賣給百姓。如果有的商人賣的價格太高，自然就沒人買了。這樣一來，鹽價就下降了，而且國家的收入由原來的六十萬增加到六百多萬。

好人旁邊總會有壞人忌恨，劉晏也不例外。李适在位的時候，宰相楊炎天天和他嘮叨說劉晏這也不好，那也不好。皇帝李适是個脾氣暴躁的糊塗蛋，不管三七二十一，就把劉晏給殺了。可憐的劉晏為唐朝賺了這麼多錢，自己沒有留下一分，最後還落了這麼一個悲慘的下場，大家都覺得他死得太冤了。而楊炎因為做事不講道理，在群臣中樹敵衆多，後來被皇帝賜死。但是，劉晏卻再也回不來了。

賣炭者說

編者按 💬 貞元末年，宮廷所需要的日用品都由宦官直接採購。他們派往市場的採購人員遍佈各地，看到需要的東西，象徵性地給點錢，就要貨主送到宮內，被稱為「白望」。不少百姓和商人深受其害。

《中國歷史報》編輯：

　　我是一個賣炭的老頭兒，每天的工作就是在終南山砍樹、燒炭，然後拿到市場上去賣。這份工作非常辛苦，而且很危險，因為終南山人跡稀少，總有老虎、豺狼出沒，一不小心就會丟掉性命。可就算是這樣，我還是每天起早貪黑地去燒炭，因為多燒一點，就能多賣一點錢，多買一些米養活自己和家人。每天燒炭，把我的臉都給熏黑了。我才五十歲，看上去卻像七十歲。

　　今年冬天，天氣特別冷，尤其是今天早上，一推開門，雪有幾尺深。我那件穿了好幾年的棉衣已經不保暖了，但是我一想到天氣越冷就會有越多的人來買木炭，就又高興起來，甚至希望雪再下大一點。

　　我拉着炭車出發，走到集市的時候又冷又餓，只好坐下來休息。

　　忽然前面有兩個人騎着高頭大馬朝我走來。難道是生意來了？我揉揉眼睛仔細一看，差點把自己嚇死，原來是一個穿着黃色衣服的太監和一個穿着白色衣服的差役。

　　他們手裏拿着公文，說是皇帝的命令，要我把這車炭送到皇宮裏去，還不給我一分錢。我知道自己是遇上宮市了。我聽很多人說過，現在皇帝出了個叫作「宮市」的新辦法，要宦官來買宮廷需要的東西。誰的東西一旦被看上，就會被免費拿走。

　　我這車炭大概有一千多斤。雖然我萬分捨不得，但是卻不敢說不給，只好眼睜睜地看着這些炭被拉走。

　　這一車炭，可是我們全家的指望啊！現在被人搶走了，我拿什麼去買米和衣服啊？全家人都在等着我呢！蒼天啊，你說這還有沒有天理啊？你們可一定要給我主持公道啊！

一個可憐的賣炭翁

「韓大炮」投書

說起韓愈，可真是無人不知、無人不曉啊！這不僅僅是因為他的詩寫得好，更重要的是他喜歡批評人，說公道話。看到不順眼的事情，不管是誰，他都會「開一炮」，所以，他的官也做得不順利。

韓愈最先批評的是皇帝（唐德宗李适）。連續打了幾年仗，朝廷的錢花得差不多了，而李适又愛錢如命，就出了個餿主意叫「宮市」，想盡辦法撈錢。韓愈覺得這件事太缺德，和土匪搶劫差不多，立馬給皇帝寫了一封信，對他說這樣做是不行的。

皇帝一看，這明明是在斷我的財路啊！二話不說，就把韓愈貶到廣東陽山做縣令去了。一下子從首都長安調到廣東山區，韓愈心裏別提有多鬱悶了。不過陽山的老百姓可高興了。為什麼？因為韓愈是個好官啊！他在陽山任縣令的幾年，老百姓的生活一天比一天好，樂得大家給自己家的小孩取名都用上了「韓」字。

過了幾年，皇帝氣消了，又把韓愈調回了長安。可韓愈在首都沒待幾天，「老毛病」又犯了，接二連三地將矛頭對準多位高官，最後又落了個「多管閒事」的惡名，被調到國子監去做老師。

別看韓愈批評人的時候是天不怕、地不怕，其實他膽子特別小。相傳，有一次，他去華山玩兒，興沖沖地爬到了華山的頂峰，樂滋滋地欣賞美景，還即興寫了一首詩。他景色也看了，詩也寫了，該下山時問題就來了。華山那麼陡，一眼看下去，腿都發抖，萬一要是掉下去，非死即傷。韓愈越想越害怕，根本不敢下山。這下好了，難道就要困死在這個山頂上不成？

想到這裏，韓愈不禁放聲大哭起來。哭完了就寫了一封遺書，丟到山下去。韓愈的運氣很好，這封信被一個上山採藥的人撿到了，立刻交給了當地的縣令。縣令一看，韓愈是朝廷命官，萬一在自己的地盤上出了事，自己也脫不了干係，於是馬上組織了一支搶救隊，把韓愈給救了下來。

從此以後，華山的蒼龍嶺被稱為「韓愈投書處」。

財經新聞 新的稅法 —— 兩稅法

今年，根據大臣楊炎的意見，唐德宗頒佈了一個新的稅收政策 ——「兩稅法」。從唐朝建立到今天，一百六十多年的時間裏，我們用的都是均田制和租庸調法，但是這幾年打仗太多，原來這些規定都不適用了，只好想一個新的辦法。

新的規定和以前舊的有很多不同，如下：

第一，以前的稅收是收多少錢，就用多少錢；現在的規定是，先做一個計劃，看一共要花多少錢，然後再去徵稅。

第二，不管你的戶口在什麼地方，新搬過來的，全部按照你現在住的地方繳納「戶稅」，再按照你擁有的土地繳納「地稅」。

第三，租庸調法和其他雜七雜八的稅收一律廢除。商人因為在全國各地做生意，就由他做生意的地方按照他的收入收取三十分之一的稅。

第四，每一年交兩次稅，夏季一次，秋季一次。

第五，全部都要用現錢來交稅，不許用實物來代替。

第六，凡不按照以上規定，再胡亂加收百姓稅款者，將受到懲罰。

七嘴八舌　盧杞這家夥

編者按 💬 大唐已經很混亂了，而德宗皇帝信任盧杞，使朝政敗壞不堪，朝野嘩然。

郭子儀（大將軍）

盧杞的爺爺叫盧懷慎，是玄宗朝的著名宰相，一生清廉，死後一無所有，由老奴賣身埋葬。我聽到這件事，對盧懷慎敬仰不已。盧杞因為爺爺的原因在朝廷做官，爺爺這麼有骨氣，做孫子的照理應該也很優秀才對。實際上，盧杞根本就是個小人。

有一次盧杞來我家做客，平時客人來我家，女人們都不需要迴避，但是那天我要所有的女人都進裏屋去，直到盧杞走了，我才讓她們出來。有人問我為什麼要這麼做，我說：「盧杞長得又醜又兇，我家的女人

看到一定會笑話他的。如果他知道我們笑他，等他有了權力之後，一定不會放過我的家人的。」

雖然盧杞長得醜，但是他嘴巴很甜，所以皇帝很喜歡他。但是我看這家夥是一肚子的壞水。

關播（宰相）

我來評論一下盧杞，他應該不會聽到吧？雖然我是宰相，但實際上我就是一個木偶，被盧杞控制着，他要我做什麼，我就得做什麼。

有一天，皇帝（唐德宗）召集很多官員去開會。會上，大家各自發表自己的看法。我也忍不住想說幾句，剛要開口，盧杞就狠狠地瞪了我一眼，我嚇得就不敢吱聲了。後來盧杞對我說：「我就是看你不怎麼愛說話，才讓你當宰相的。你要是以後再敢隨便發言，就別怪我不客氣了！」

唉，很多人對他是敢怒不敢言，我也是沒有辦法。算了，不說了。你可千萬別把我對他的不滿告訴他啊！

顏真卿（書法家、太子太師）

我們做官的最怕遇到的事情就是受到同事陷害，而皇帝沒有判斷力。唉，偏偏這兩項我都碰上了！

李希烈要攻洛陽，皇帝問盧杞該怎麼辦。盧杞就說：「李希烈還年輕，攻洛陽肯定是一時糊塗。如果我們派一個人去勸勸他，他一定會悔改的。」

皇帝問：「那你覺得派誰去好呢？」

盧杞馬上說：「當然是顏真卿最合適，他是四朝元老。他的話，李希烈一定會聽。」

皇帝覺得這個主意不錯，就下令讓我去。知道這件事的人都勸我不要去，說盧杞是借刀殺人，想害死我，到時候朝廷就是他一個人的天

下了。

其實這事兒我早就知道，但我已經活了七十多歲，人遲早是要死的，怕什麼？我知道這一去是肯定回不來了，於是寫好遺書，然後出發去了洛陽。

到了洛陽後，李希烈果然把我關了起來，我早就預料到我這一生再也不能回長安了。我擔心的不是自己的生死，而是盧杞有了權力之後，更多的人會被他陷害啊！

渾瑊（大將軍）

一說起盧杞我就來氣。他根本不懂打仗，卻喜歡瞎指揮。偏偏我們這個皇帝也是個糊塗蛋，什麼都聽他的。

皇帝被困在奉天的時候，天天和朱泚打仗，人都死得差不多了。這時，我們接到消息說杜希全帶人來支援了，都高興壞了，這可真是雪中送炭啊！要進入奉天只有兩條路：一條要經過奉天北邊的漠谷；一條要經過奉天西北方的乾陵（乾陵是唐高宗李治的墳墓）。到底走哪一條好呢？

依照我多年打仗的經驗，絕對不能走經過漠谷的那條，因為那是一條夾道。如果朱泚埋伏在那裏的話，一旦打起來，杜希全的部隊就會全軍覆沒。而乾陵有很多樹，可以掩護部隊前進。

盧杞對此卻極力反對。他說：「乾陵是埋葬祖宗的地方，隨便讓部隊從裏面通過，就是對祖先的不尊重。而且從漠谷走更近！」

我被他氣壞了，大聲說：「朱泚的部隊經常在乾陵砍樹，要驚動的話早就驚動了。如果走漠谷，遭到埋伏怎麼辦？」

盧杞說：「萬一遭到埋伏，我們可以去營救嘛！別人砍樹我不管，如果讓杜希全的部隊從那邊走，祖宗會怪罪的。」

皇帝擺擺手，讓我們別吵了。他已經決定採納盧杞的建議，從漠

谷走。

　　接下來的事情果然和我想的一樣：朱泚埋伏在漠谷，一看到杜希全的部隊進入了夾道，拚命扔石頭、射箭。杜軍死傷很多人，我們派去的救援部隊也被打了回來。最後，杜希全只好帶着剩下的人，狼狽地逃回去了。

逸聞趣事 ## 大曆十才子之李端、韓翃

李端：好詩贏得美人歸

　　唐代宗時期，寫詩最有名的有十個人，分別是：李端、盧綸、吉中孚、韓翃（音同宏）、錢起、司空曙、苗發、崔峒、耿湋（音同韋）、夏侯審，被人們稱為「大曆十才子」。有錢人家開 party 的時候，都爭着請他們來參加。

　　大將軍郭子儀的兒子郭曖娶了升平公主做老婆，家裏很有錢，沒事經常請這些詩人去家裏吃飯。光吃飯、喝酒沒意思，還要請人彈琴、跳舞才更有樂趣。郭曖家裏有一個叫鏡兒的侍女，古箏彈得非常好，詩人李端很喜歡她。郭曖知道這件事後，就對李端說：「你以《彈箏》為題，寫一首詩。如果寫得好，我就把鏡兒嫁給你。」

　　李端一聽，高興得心都快要蹦出來了，馬上作了一首詩：鳴箏金粟柱，素手玉房前。欲得周郎顧，時時誤拂弦。詩裏所說的周郎就是三國時期的周瑜。他很懂音樂，每當樂隊演奏，有人彈錯時，他總要回過頭去看一眼。這首詩的意思是，鏡兒也很喜歡我。為了讓我多看她幾眼，

她總是故意把曲子彈錯。

郭曖覺得這首詩寫得很不錯，於是真的把鏡兒嫁給了李端，還送了很多金銀珠寶。

看來詩寫得好，也能成就一段好姻緣啊！

韓翃：世上還是好人多啊！

韓翃的老婆默默無聞，但有個姓柳的妾，是個大美女，兩人相親相愛。韓翃和柳大美女沒過幾年幸福日子，安史之亂就爆發了。當時韓翃正在部隊裏做官，回不去，就這樣在戰爭中和柳氏失去了聯繫。

過了幾年，韓翃想回長安找自己的愛妾，但又怕得到什麼不好的消息，於是先安排了幾個人去長安找，找了很久還真的找到了。韓翃一聽到這個消息，高興得跳了起來，趕緊驅車直奔長安而去。

誰知等他回到長安，意外發生了，柳大美女已經被吐蕃的將領沙吒利搶走了。沙吒利在平定安史之亂的時候立了大功，是皇帝身邊的紅人，誰也不敢得罪他。韓翃是個讀書人，既打不過沙吒利，也沒有辦法奪回自己的愛妾，於是整天唉聲歎氣，苦着一張臉。

有一天，同事們拉他去喝酒，韓翃悶悶不樂。一個叫許俊的人問他出了什麼事，他把自己的心事傾訴出來以後，許俊拍拍胸脯說：「這事包在我身上！我幫你把愛妾奪回來！」說着，許俊讓韓翃寫了一張字條作為信物，然後他換上吐蕃人的衣服，趁着沙吒利不在家，便騎着馬衝進沙吒利家裏，大聲說：「沙吒利將軍說現在要見柳夫人，要我來接她過去。」沙吒利家裏的人一聽，就讓他進去了。許俊見到柳夫人，把韓翃的字條給她看，然後就把她帶走了。

韓翃和柳氏重逢時，抱頭痛哭，周圍的人也非常感動。但是沙吒利要是知道了，他那個暴躁脾氣，還不把他們給殺了呀？這麻煩惹大了！看來要找一個沙吒利害怕的人來才行。想來想去，只好去找沙吒利以前

的上司侯希逸。侯希逸聽完這件事，覺得許俊幫助了朋友，實在是了不起，便滿口答應幫忙，第二天就把這件事告訴了唐代宗。唐代宗把沙吒利叫來，要他把柳氏還給韓翊，另外還賠了沙吒利很多錢。

在眾人的幫助下，韓翊這才和他的愛妾團聚。

1. 唐德宗李适最信賴的是：

A. 武將　　B. 宦官　　C. 文官

2. 「宮市」是誰發明的？

A. 唐德宗李适　　B. 唐肅宗李亨　　C. 唐代宗李豫

3. 提出「兩稅法」這一新政的是誰？

A. 楊炎　　B. 李泌　　C. 韓愈

答案：1. B　2. A　3. A

元和中興

八〇五年～八二五年

◎唐順宗想把國家治理好，可惜身體狀況差，在位時間短。

◎唐憲宗被譽為「大唐第三天子」，可惜心有餘而力不足。

◎有的官員想成就一番事業，都被捲入黨派的紛爭之中無法自拔。

◎宦官手握重權，節度使囂張跋扈，派系之爭愈演愈烈，國庫日益空虛……大唐的復興，究竟是不是幻夢？

7

短暫的春天

　　唐朝有一種奇怪的現象：宦官的權力竟比皇帝大。有時候誰接任皇位也是宦官說了算。這些人仗着手中有兵權，橫行霸道，無所不為。我做太子的時候就暗自下了決心，非要把這事兒好好整一整不可。

　　可是，還沒等我當上皇帝，就中了風，只能躺在牀上養病。無奈之下，我只好把自己信得過的幾個人叫到牀前，有以前陪我讀書的王叔文、王伾（音同丕），以及幾個年輕有為的小臣韋執誼、韓泰、陳諫、柳宗元、劉禹錫、韓曄、凌準、程異等人，讓他們替我想想辦法，對國家進行一次改革。

　　他們沒有辜負我的期望，很快就大刀闊斧地行動起來。

　　先是取消了宮市和五坊，那些耀武揚威的人再也不能隨便欺負百姓了。

　　然後取消了節度使的進貢。以前，節度使為了討好皇帝，費盡心思給皇宮送東西。我爹在的時候，一年最少可以收到三十萬緡（音同民）錢。這些錢都是從百姓那裏搜刮來的。廢除這個規定後，雖然收入減少了，但是為了百姓，我心甘情願。

　　此外還罷免了好幾個大貪官，停發宦官的工資，把年紀大的宮女放出宮去。

　　這些措施取得了兩個完全不同的效果：一邊是老百姓高高興興，拍手稱快；另一邊是官員大發脾氣，紛紛反對，因為這場改革觸犯了他們的利益。三位宰相，兩個請了病假，一個上班像個木偶一樣，根本不管事。他們就是用這種辦法來抗議我的改革。除此之外，節度使們也天天寫奏摺給我，抱怨改革的各種弊病。幾個宦官還趁着我身體欠佳，立我

兒子李純做了太子。

八月份的時候，他們逼着我退位，讓李純當了皇帝。發動改革的人都被貶到荒涼的不毛之地去了。這次革新運動僅維持了一百多天，最終以失敗告終。

編者注 💬 這就是歷史上有名的「永貞革新」，一場以打擊宦官勢力為主要目的的改革。

現場報道 ## 五坊小兒控訴大會

五坊是唐朝中期由宦官設置的，專門飼養鵰、鶻、鷂、鷹和狗，用來供皇帝玩樂的部門。在這五個部門任職的人，個個橫行霸道，常用各種卑鄙手段來奪取平民百姓的錢物。老百姓對他們恨之入骨，稱他們為「五坊小兒」。李誦（唐順宗）即位後，五坊被徹底廢除。

現在讓我們來聽聽，他們曾經做過哪些傷天害理的事情。

商人錢一堆 💬 你們人人都說商人很奸詐，依我看，五坊小兒才是全天下最奸詐的人呢！那天他們在我的店門口拉了一張網，說是要給皇帝捕捉老鷹。你說這城市的大馬路，哪有什麼老鷹可以捉啊？可他們不管，還說：「如果你想做生意的話，就交錢給我們，我們去別的地方捉，不然的話，我們天天在你門口捉老鷹！」我沒有辦法，只好交了一筆錢。你說說，這不是搶錢嗎！

村長孫二寶 💬 哎呀，你這算好的，好歹你還出得起這筆錢，我們就

更慘了。五坊小兒們居然在我們村子的井上佈了一張網，也說是要捉老鷹，不讓我們去打水，還說，如果我們去打水的話，到時候捉不到老鷹就是我們的責任！我們村裏的幾個年輕人氣不過，和他們打了起來。他們把我們村的人都打傷了，最後告到官府去，官府的人居然要我們賠錢。

飯店老板鄭大胖 💬 得罪誰也不要得罪五坊那群人，得罪他們可是要吃大虧的。一天他們來我的小店裏吃飯，點了好多菜，吃完之後，我去找他們收錢。誰知道他們不僅不給飯錢，還扔了一袋蛇給我，說：「這些蛇是給皇帝養着的，現在放在你這裏，你可得給我好好養着，餓瘦了跟你沒完！」我一聽，知道大事不好，馬上跪下來求他們放過我，飯錢就免了。他們這才拿着蛇揚長而去。

逸聞趣事 唐順宗創造的唐朝之最

（1）當太子時間最長的皇帝。唐順宗李誦是唐德宗的第一個兒子，理所當然就當了太子。由於唐德宗在位時間長，李誦就當了二十六年太子。算起來，他是唐朝當太子時間最長的一個人。

（2）在位時間最短的皇帝。唐順宗在皇帝的位置上才坐了兩百多天，就被迫當了太上皇。

（3）給兒子當哥哥的皇帝。唐玄宗有三十個兒子，是擁有兒子最多的一個唐朝皇帝。唐順宗比他稍微少一點，有二十三個，成為第二名。更加奇特的是，他爹唐德宗非常喜歡唐順宗的第六個兒子李綢，竟然把李綢收為自己的兒子。這樣一來，按照輩分關係，李綢不能管唐順宗叫爹，而是應該叫哥哥了，豈不是笑話？

（4）諡號最長的皇帝。雖然順宗在位時間很短，但是他死後的諡號卻是最長的，有七個字，叫：「至德大聖大安孝皇帝」。其他的皇帝一般都是一個字，兩個字或五個字，只有他一個人是七個字。

李純自述 我是大唐第三天子

　　我原名李淳，被立為皇太子之後，改名李純。在我六七歲時，祖父（唐德宗）將我抱在懷裏，隨口問道：「你是誰家的孩子，怎麼坐在我的懷裏？」我不慌不忙地回答：「我是大唐第三天子。」這讓祖父驚訝不已，從此對我刮目相看。

　　二十八歲時，我依靠宦官的擁立，發動宮廷政變，順利地得到了皇位。

　　即位後，我經常翻閱歷朝實錄。每次一讀到貞觀、開元時的故事，我就激動不已。你知道嗎，後來，人們將我評為繼太宗李世民、玄宗李隆基之後的第三個有所作為的唐朝皇帝。與偶像們站在同一行列，這是我一輩子追求的目標。

　　我將祖上的聖明之君作為榜樣，認真地總結了他們的經驗教訓，致力於建設一個太平盛世。當時的大唐在經歷了安史之亂後，已由巔峰跌入了谷底，社會的變化、動盪空前劇烈。為此，我不敢有絲毫的懈怠。

　　我知道人才的重要性，大膽任用了一批進士出身、年輕有為的人，並提高了宰相的權力。

　　李絳、裴洎（音同際）、李吉甫、武元衡、裴度、崔群等人，不管放在哪個朝代，都是難得的良相；高崇文、李光顏、烏重胤、李愬等人，

都是傑出的智勇之將。一時間眾多人才脫穎而出，為我大唐效力。

在位期間，我勤勉政事，經常在大殿與宰相議事，很晚才退朝。我們君臣同心同德，解決了財政上的困難，還將危及唐朝的大毒瘤——藩鎮給一一拔掉了。

當時，藩鎮的權力日益膨脹，朝廷的政令根本無法下達。在我剛即位時，西川節度使劉闢就進行叛亂。之後，又有彰義（淮西）節度使的兒子吳元濟、淄青節度使李師道等造反。對此我絕不姑息縱容，派遣得力大將率軍前去討伐。叛亂平定後，其他節度使也都一一歸順了朝廷。

在取得削藩的巨大成果後，中央政府的威望開始重新樹立，由此一個「元和中興」（元和是我的年號）的局面開始出現了。

財經新聞 皇帝強制百姓花錢

強制百姓花錢？是的，皇帝李純就做過這樣的事。

為了緩解財政困難，皇帝李純有過很多舉措，包括頒佈一部《禁私貯現錢敕》，上面規定：京城之內的人家，家中的存款不許超過五千貫。

普通老百姓家裏肯定不會有五千貫的存款，所以，這部法令的矛頭直指那些巨商富豪和官僚貴族，因為他們像存糧食一樣囤積了大量的銅錢。也正因為他們存錢不消費，以致市面上瀕臨錢荒的危險。

這部禁令處罰力度很大，那幫富豪大款們就想盡了法子花錢。沒多久，市面上就湧現出了大量叮當作響的現錢。

癡迷煉丹追求長生的唐憲宗

說起皇帝李純（唐憲宗）晚年最大的願望，全國人民都知道，那就是長生不老。有一個叫張惟的宦官從新羅（在今朝鮮半島）回來，神秘兮兮地對李純說：「我在一個島上碰到一位老神仙，他說自己和皇上是老朋友了，要我給您帶話，說他很想您。」這樣的故事大家一聽就知道是騙人的，偏偏李純相信了，覺得自己上輩子一定是個神仙，馬上下令去全國找會煉長生不老丹的人。

宰相皇甫鎛（音同博）找來一個叫柳泌的道士，據說是煉丹高手。李純高興得像撿了寶似的，趕緊讓他住到興唐觀去，好好煉丹藥。過了一陣子，柳泌對李純說：「台州的天台山上住了很多神仙，有很多可以煉丹的草藥。如果皇上能派我去那裏做官，一定可以早日成功。」

皇上，沒有國家認證的正規批號，不能吃啊！

快把專家的仙丹呈上來！

專家

李純暈頭暈腦地就答應了。諫官們一聽到這個消息，都表示反對，說從來沒有讓方士去做官的先例。李純就發起脾氣來：「這天下都是我的，現在拿台州去換長生不老藥，難道不可以嗎？你們這些人怎麼做臣子的，這麼不關心我的身體健康！」

丹藥吃多了，李純的脾氣變得非常暴躁，動不動就把身邊的人拉出去砍頭。起居舍人裴潾實在是忍不住了，就對皇帝說：「煉丹的都說丹藥可以長生不老，那就讓他們自己先吃一年。如果真的有用，您再吃也不遲啊！」

可是李純哪裏肯聽，繼續每天吃。吃了一年之後，他得了重病，連早朝都上不了，差點把大臣們給嚇死。宦官陳弘志平時沒有少捱打，趁着這個機會，拿繩子把李純勒死了。

（摘自《大唐奇聞錄》）

名人風采 有一顆平常心的劉禹錫

劉禹錫在京城做官的時候，被王叔文看中，拉去一起搞改革。這改革前後才持續一百來天，劉禹錫的風光日子就到頭了，一下子從繁華的首都貶到了邊遠山區朗州（今湖南常德）去做司馬。改革的時候，劉禹錫得罪了不少人，這些人現在都紛紛到新皇帝唐憲宗面前說他的壞話。唐憲宗一生氣，加了一道聖旨：「逢恩不原」，就是說遇到朝廷大赦天下的時候，也沒你的份兒，一輩子不讓你有好日子過。

不過劉禹錫有一顆平常心，做不了大官，寫寫詩歌也不錯。朗州自

古屬於楚地，喜歡敬神拜鬼。劉禹錫學屈原，寫了不少神曲，比如《九歌》，還一口氣寫了十篇《竹枝詞》。劉禹錫是個寫詩的高手，寫詩罵人自然也不在話下，比如這首：「沉沉夏夜蘭堂開，飛蚊伺暗聲如雷。嘈然歘（音同噓）起初駭聽，殷殷若自南山來」，把討厭的官員們比喻成夏天的蚊子。這要是被人家聽到了，還不氣得吐血呀？

過了幾年，朝廷終於想起消失很久的劉禹錫，準備把他調回京城做官。這消息一傳出來，劉禹錫跑到玄都觀裏去看桃花，寫了一首詩：「紫陌紅塵拂面來，無人不道看花回。玄都觀裏桃千樹，盡是劉郎去後栽。」意思是說，你們這群做官的沒什麼了不起，都是我貶謫以後才提拔起來的。你們都是我的晚輩。

這首詩可把京城裏的宰相給惹火了，就你這個猖狂的樣子，還想回京城，門兒都沒有，朗州你也別待了，去播州（今貴州遵義）吧。播州窮山惡水的，可比朗州落後多了。柳宗元和劉禹錫是好朋友，當時他也被貶柳州，於是就對皇帝說：「劉禹錫的母親很老了，去那麼遠的地方恐怕吃不消。我願意和劉禹錫交換一下。」在京城做官的御史中丞裴度也去向皇帝求情，唐憲宗總算有點兒良心，把他改貶到連州（位於今廣東）去了。

在連州過了六七年，他又被調到夔州（位於今重慶）、和州（位於今安徽）。之後又過了十四年，他終於回到了京城。當他再次去玄都觀遊玩時，當年盛開的桃花已經沒有了，桃樹也被砍光了。他寫了一首《再遊玄都觀》：「百畝庭中半是苔，桃花淨盡菜花開。種桃道士歸何處？前度劉郎今又來。」意思就是，我老劉今天又回來了！

憑着一顆平常心，不管到什麼地方，不管遇到什麼樣的事情，劉禹錫始終是那麼樂觀，最終活了七十多歲。而經常鬱鬱寡歡的柳宗元，卻沒能等到這一天，早早地就死在了柳州。

（摘自《大唐名人傳》）

柳宗元，你的不幸是我們的幸運

柳宗元和劉禹錫一樣，都是永貞革新的主要參與者。唐順宗一死，他的好日子也到頭了，一下就被貶到永州（今湖南永州）做司馬，而且一做就是十年。柳宗元雖然是司馬，其實根本不用管事，只是閒人一個。再加上當地的官員們都覺得他是罪人，誰見了他都躲着，甚至還有人經常罵他。鬱悶的柳宗元只好到處去遊山玩水。

柳宗元在永州發現了很多好玩的地方。每去一個地方，他就寫一篇遊記，如《永州八記》《始得西山宴遊記》《小石潭記》《石渠記》《袁家渴記》《石澗記》《小石城山記》等等。他還寫過很多優美的詩歌，比如這首《漁翁》：「漁翁夜傍西岩宿，曉汲清湘燃楚竹。煙銷日出不見人，欸（音同靄）乃一聲山水綠。回看天際下中流，岩上無心雲相逐。」這首詩看上去好像對這種悠閒的生活很向往，其實柳宗元心裏還是非常難過的。他寫的《三戒》和《捕蛇者說》讓人看了直流眼淚。

雖然他自己不高興，但是當地的讀書人可高興了。永州這地方當時就是一個野蠻地區，文化程度低，從來沒有人考中過進士。柳宗元這個大學問家到了這裏，讀書人還不樂瘋了？柳宗元在永州做了十年的免費老師，附近的人都翻山越嶺跑來拜師，漸漸就有人考中進士了，於是當地人都稱柳宗元為「柳子菩薩」。

在永州待了十年，朝廷又把柳宗元調到另一個地方 —— 柳州（位於今廣西）。他剛到柳州的時候，那裏窮山惡水，非常混亂，不過，這事根本難不倒他。柳宗元一上任就開始大興教育。柳州人也和永州人一樣，千里迢迢前來求學。有人稱讚柳宗元說：「凡經其門，必為名士」，意思是只要做了他的學生，以後一定有出息。柳州貧窮又落後，當地人根本

不相信醫生，有病就去求神拜佛，如果神仙不救的話，就只有等死了。柳宗元到了之後，宣傳醫學，大家才慢慢相信醫術。除了當老師、當醫生之外，他還當農業顧問，組織當地人種柑橘、柳樹、竹子，發展經濟，沒幾年時間就把柳州治理得井井有條，柳州人民都樂開了花。

雖然官做得不錯，也很受百姓愛戴，但是柳宗元自永貞那次受到打擊後就沒有真正開心過。加上多年漂泊在外，他的身體變得越來越差，四十七歲那年，死在柳州。

（摘自《大唐名人傳》）

趣味專題 詩人賈島的兩次「交通事故」

最近，負責長安交通的部門發現詩人賈島已經兩次違反交通法規，差點兒造成交通事故。

第一次，他騎着自己的小毛驢在長安街頭溜達，走着走着，看到滿地的落葉，興致大發，口中吟出一句詩：「秋風吹渭水，落葉滿長安。」這詩很不錯，賈島高興得手舞足蹈。當時恰好長安市市長劉棲楚帶着一隊人，騎着馬在街上走過。賈島一不小心，他的小毛驢就衝到人家的隊伍裏面去了。劉市長嚇得以為是來暗殺自己的刺客，當場就把賈島抓起來，關了一整夜，第二天弄清楚了事情的真相，才把他放出來。

有了這樣一次經歷，賈島應該要長一點記性了吧？誰知道過了沒多久，賈島又犯了同樣的錯誤。這次是他去看望一個叫作李凝的朋友。在李凝家裏，他寫了一句詩：「鳥宿池邊樹，僧推月下門。」在回來的路上，賈島一直在想，第二句裏面的「推」如果改成「敲」，是不是更好呢？

為了這一個字，賈島想了很久，騎在小毛驢背上反覆做推門和敲門的動作，結果沒注意，毛驢又撞人了。這次撞的是長安市市長韓愈的車隊。

連着兩次撞到市長，周圍的人都替賈島捏了一把汗，以為他這下肯定要挨板子了。韓愈身邊的侍衛像老鷹抓小雞一樣，把賈島拽到韓愈跟前。韓愈是個大詩人，讀書多，素質高，先不急着發火，而是問他為什麼會這麼不小心。賈島就把事情的來龍去脈說出來。韓愈聽完之後，不但沒有責怪他，反而和他一起討論這個問題，說：「我覺得還是『敲』字好。『敲』的聲音多響亮啊，比『推』好聽多了。再說，大半夜的，門也不敲，別人還以為是個小偷呢！敲字顯得有禮貌一些。」

賈島聽了韓愈的建議，覺得很有道理，趕忙說謝謝。韓愈一看這小夥子為了寫詩都快着魔了，肯定是個勤奮好學的人，於是就收他做學生，教他寫詩。這可把賈島給樂壞了，自己還真是因禍得福了呢！

韓愈很喜歡這個學生，寫了一首詩送給他：「孟郊死葬北邙山，日月風雲頓覺閒。天恐文章渾斷絕，再生賈島在人間。」這等於是給賈島打了一個免費的大廣告啊，很快賈島就出了名。

低頭族們要注意交通安全啊！

天才詩人李賀

我們唐朝啊，詩歌寫得好的人一抓一大把。不過這不算什麼，真正讓人驚訝的是那些小小年紀卻詩名遠揚的小才子。李賀就是其中一個。

李賀七歲時，樂府詩寫得讓大人都讚不絕口，但他一點都不驕傲，還是很努力。他平時出去玩都背一個布袋子，想到什麼好詩句，哪怕只有一兩句，都趕快寫在紙上，放到布袋裏。回家後，他再把紙條拿出來，接着寫完。

李賀這麼勤奮，他娘從來都沒有為他的家庭作業擔心過。相反，每次看到李賀從布袋子裏面掏出一大把寫着詩歌的紙條，他娘總是很心疼地說：「傻孩子，你再這麼拚命寫詩，總有一天要把心都吐出來的。」

聰明加上勤奮，李賀進步得很快。有一次，他帶着自己寫的詩歌去拜訪名震天下的大文學家 —— 韓愈。韓愈當時已經洗完澡準備睡覺了，但是當他看到李賀寫的《雁門太守行》時，一下子就坐起來，穿好衣服，把李賀叫了進來，兩人聊詩聊了一晚上。

有了大詩人韓愈的肯定，李賀就信心十足地去參加進士考試了，心想得個第一名肯定沒什麼問題。誰知道，負責招生考試的禮部官員們卻對李賀說：「你沒有資格參加考試。」這可是晴天霹靂啊！考試還沒有開始呢，就失去資格了。這是什麼原因呢？

原來李賀的爹爹叫李晉肅。這個「晉」和進士的「進」是同一個音。如果讓他去參加進士考試，就是犯了忌諱，唐代可是很講究這個的。有一個人的爹爹名字裏面有一個「石」字，所以他走路都不敢踩石頭。韓愈知道這件事之後，很替李賀抱不平，專門寫了一篇文章《諱辯》來說這件事。文章中寫道，父親叫「晉肅」就不能考進士，那麼如果父親叫

「仁」，那豈不是連人都不能做了？

雖然有韓愈大詩人出馬，但是李賀還是沒能去參加那場考試。這下李賀就鬱悶了，自己才華這麼高，居然不能做官，為此非常生氣。沒多久，二十七歲的詩人李賀就在悲憤中去世了。

李賀死後，有一個叫李藩的人到處收集他的詩歌，準備編成一本書。李賀的表哥知道這件事之後，對李藩說：「這件事你就交給我吧。我那裏有很多李賀的詩歌，保證把這本書編好。」

可是過了一年多，李賀的表哥一點音訊也沒有，李藩就到李賀表哥家去問。誰知道這位表哥說：「哼，這李賀從小就比我聰明，大家都只誇獎他，我現在想起來還有一肚子的火，所以我把他的詩歌都扔到茅廁裏面去了！」

唉，可憐的李賀有才華，但是沒有人欣賞，早早地去世了。死了之後，還遇到這樣一個表哥，真是時運不齊，命途多舛啊！

特別策劃　女詩人薛濤 —— 誰說女子不如男

唐朝寫詩的人很多，但大部分都是男的，女人大字不識幾個，一般都是在家裏做針線活兒。不過，要說女子寫詩不如男，這話一定有人不同意，比如蜀地（今四川）的女詩人薛濤。

薛濤雖然是個女子，但是寫起詩來卻有點巾幗不讓鬚眉的味道，被人稱為「無雌聲」，意思是說薛濤寫詩不像女子，有男子氣魄。這可不是罵人的話，而是高度的讚美。王建還寫詩讚美過她：「掃眉才子知多少？管領春風總不如。」寫詩寫到讓男人都佩服，可見薛濤還是很有水平的。

薛濤才思敏捷，反應很快。有一回，黎州刺史請客，薛濤也收到了請帖。酒過三巡，刺史就想玩個遊戲，好證明一下自己是個有文化的官。他要求大家各說一句古書裏面的句子，必須帶有「魚」字，說錯了或者是說不出來，都要罰酒。大家都是讀書人，誰也不想落後，都爭先恐後地說了起來。那場面真叫一個熱烈。

刺史一緊張，就說了句：「有虞陶唐」。這句話裏面可沒有「魚」字，只有一個同音字「虞」，但他是領導，誰也不好說什麼，只好裝作沒聽見。輪到薛濤的時候，她就說了句：「佐時阿衡」。這下周圍的人大聲叫起來：「這個句子裏面沒有魚！應該罰酒！」薛濤笑着說：「你們這麼說就不對了。我這個句子裏面有個『衡』字，裏面還有一條小魚。刺史大人的句子可是連魚都沒有哦！」這一番話說得大家都笑起來。

你看這反應速度以及說話的藝術，批評了別人，別人還不生氣，這才是真功夫啊！因為薛濤聰明，所以多任西川節度使都對薛濤客客氣氣的。很多名震天下的大詩人，比如元稹、白居易、杜牧、劉禹錫等，都曾和薛濤寫詩唱和。

除了寫詩，薛濤還發明過一種便於寫詩的紙。她隱居在成都西郊的浣花溪，那地方有很多造紙廠，但是造出來的紙幅面都很大，不適合拿來寫短詩。薛濤於是自己用木芙蓉做原材料，加入芙蓉花汁，造出來的紙，顏色深紅，寫詩送別人特別高雅、體面。因為這是薛濤發明的，所以又叫作薛濤箋。

一個女子能做到這個份兒上，還真是不容易啊！

（摘自《婦女生活報》）

1. 唐順宗李誦發起的以打擊宦官為主要目的的改革叫：

   A. 永貞革新　　B. 慶曆新政　　C. 涇師之變

2. 唐憲宗李純是怎麼死的？

   A. 吃長生不老仙丹中毒而死

   B. 被人用繩子勒死

   C. 壽終正寢

3. 哪位詩人出門總是背着布袋，一想到好詩句就記下來放進布袋裏？

   A. 賈島　　B. 李賀　　C. 孟郊

答案：1. A　2. B　3. B

8

八二五年～八四七年

會昌中興

◎ 有人覺得做皇帝一點都不好玩兒；有人寧肯掉腦袋，也想嘗一嘗當皇帝的滋味兒。

◎ 有的皇帝是真的喜歡玩兒；有的皇帝卻是藉着玩兒的幌子，去實現自己的大計劃。

◎ 京城有正牌皇帝；地方上有土皇帝──節度使。

◎ 有的皇帝想方設法要除掉宦官；有些皇帝為保住皇位，還得依靠宦官。

◎ 皇帝很忙。這一期為你揭秘皇帝們的別樣生活。

皇帝居然不上朝

要說當今皇帝（唐敬宗），現在是越來越不像話了。繼位沒幾天，就開始懈怠起來，每天不是打球，就是舉行宴會，如今連早朝都懶得上了。大臣們為了這早朝，不管年紀有多大，颱風還是下雨，路途距離多遠，每天天不亮就起牀，都早早地趕到皇宮去等候，指望着皇帝來處理政事呢。

可是今天，皇帝遲遲沒有出現。我們左等右等，等到太陽都曬屁股了，還是沒有看到他的影子。大家心裏都很憤懣，一大早都沒有吃東西呢，現在快中午了，肚子都餓得「咕咕」直叫。大殿上又沒有凳子可以坐，好幾個年邁的大臣都暈倒在地了。我實在忍不住，給皇帝提了意見，又等了很久，才看到皇帝慢騰騰地走了過來。

他到了朝堂上也是一副心不在焉的樣子，無論大臣說什麼，他都一律回答：「准奏」「依卿所議」，看來是一心想着快點退朝，好出去玩兒。

快到退朝的時候，左拾遺劉棲楚跪在大殿中央，勸皇帝以後再也不要這樣做了。他情緒很激動，一直不停地磕頭，把頭都磕出血來了。皇帝非常感動，趕緊把他扶起來，表示以後一定按時上朝。衆大臣也以為這樣的事情不會再出現了，誰知道皇帝只是認錯態度好，但是堅決不改，這個月上朝總共不到三次。

壞消息總是傳得很快，連不在京城做官的李德裕也知道了，他寫了六首《丹扆（音同乙）箴》給皇帝，提出自己的勸告。可是皇帝呢，還是老樣子，表現得很感動，還讓人給李德裕寫了一份表揚的詔書，但就是死性不改，這可真是把大臣們的鼻子都給氣歪了！

（本報特約記者　李渤）

藏龍臥虎的京城

　　說起首都長安，那可真是個藏龍臥虎的好地方啊！不管你是商人還是農民，有錢的還是沒錢的，做官的還是讀書的，都可以在這裏找到志同道合的人。

　　長安人口眾多，經常可以看到高鼻子、藍眼睛的胡人，還有穿着奇怪服裝走來走去的吐蕃人，這些大家都已經屢見不鮮。在長安牛氣哄哄的人有很多，因此最好不要隨便得罪別人，因為也許他就是某個達官貴人。這是在天子腳下，皇帝的親戚很多，可都得罪不起呀。

　　除了這些人以外，還有一群看上去不起眼兒，但是非常屬害的人，身處各個誰也想不到的地方。這就叫作「小隱隱於山，大隱隱於市」。

　　比如剛才你看到的那個賣豬肉的年輕人，就是神偷手，他們家吃的橘子都是從皇宮裏面偷來的貢品 —— 洞庭橘。還有這個坐在小凳子上曬太陽的老人家，你不要小看，他可是有名的武林高手，年輕的時候還殺過人呢！看到那些身上有刺青的人了嗎？最好不要惹到他們。如果惹到了，你看看他身上的刺青是什麼。如果刺的是李白的詩，和他談談詩詞，喝喝酒問題就解決了；如果他的胳膊上刺着「生不怕京兆尹，死不怕閻羅王」，你要不想打架，那就趕緊向他道歉。

　　就是因為這個地方人口太雜，不好管理，所以京兆尹很不好當，弄不好得罪了哪個屬害人，就會被發配到山區去。穆宗時期，韓愈也當過一陣子京兆尹。這個連皇帝都敢頂撞的人還是有些威信的，他一上任，大家都不敢隨便犯事。

　　我看現在這世道越來越亂，皇帝也不爭氣，沒有人可以管好長安了。這皇宮啊，遲早要出事的！

我就是想嘗嘗做皇帝的滋味

　　我本來是皇宮裏面負責給絲織品染顏色的雜役。我有一個朋友叫蘇玄明，是一個無業遊民，在長安大街上給別人算命，騙點兒小錢花花。有一天他找到我，把我拉到一個角落，壓低聲音對我說：「老張，我昨晚給你算了一卦，你最近會碰到好事。」我覺得很奇怪，一個打雜的能碰到什麼好事啊？他神秘兮兮地說：「卦象上說，你有機會去坐一坐皇帝的牀，嘗一嘗皇帝吃的東西。怎麼樣，這算不算好事？」

　　我一聽就知道他在開玩笑：「別鬧了，怎麼可能？」蘇玄明看着我搖搖頭，說：「怎麼不可能？現在皇帝每天都在外面踢球、打獵，根本沒時間回宮。你看看，這不就是最好的機會嗎？老張啊老張，人活這一輩子，要做幾件轟轟烈烈的大事啊！」

　　我聽了心裏怪癢癢的。是啊，誰不想嘗嘗做皇帝的滋味啊？可我們這位陛下（唐敬宗）是個大傻瓜，放着好好的皇帝不做，天天出去玩。既然這樣，那我就去試一試。於是我和蘇玄明開始合計怎樣動手。

　　宮裏的絲織品要染色，一般都是拿紫草做染料，又環保又乾淨。我負責採購染料，經常進出宮門，和門衛們都混熟了。蘇玄明在外面組織了幾百個人。按照計劃，我把人和兵器都藏在運送紫草的車子下面，分批運送到皇宮裏去。

　　進入皇宮一切順利，可沒走多遠，就遇到一個人，他跟着我們，問：「紫草這麼輕，怎麼會把車輪壓得嘎吱嘎吱響？是不是你們藏了什麼東西在下面？」

　　媽呀，這話問得我頓時慌亂起來。都怪那一群人，平時讓他們減減肥，偏不聽。眼看他就要翻開紫草去檢查，沒辦法，我只好把他殺了。

隨後蘇玄明他們跳了出來，拿着刀殺了進去。

皇帝這個時候打馬球正打得起勁，一聽說我們殺進來了，馬上跑到左神策軍軍營裏面避難去了。

我們帶着人進入清思殿，坐在皇帝的大牀上，吃着皇帝吃的東西，這感覺真是太爽了。我不禁佩服地對蘇玄明說：「老兄，你的卦實在是太準了！」

可三杯酒還沒下肚，左神策軍就出現了。這下可真完了！我本來只是想進來吃點東西，享受享受，誰知道弄成現在這樣，沒有退路了，只好和他們拚命啦。

我們幾百個人怎麼打得過全副武裝的神策軍？沒幾下我們就全被抓了。唉，為了一頓飯，竟搭上了自己的性命，真是太虧了！

（宮廷染署雜役　張韶自述）

獨家爆料 皇帝的遊樂生活

唐敬宗太會玩兒了，即位才兩個月，就玩兒遍了花樣：今天帶着人去清思殿打球，明天到飛龍院舉行音樂會，後天又在中和殿開 party。和他爹唐穆宗一樣，他也喜歡到魚藻宮去看龍舟比賽，每次看到都笑得合不攏嘴。有一天，他把鹽鐵使找來，說要造二十艘高規格的大船用來比賽，到時候一定會特別精彩。鹽鐵使一算，差不多要花去整個國家一年交通運輸費的一半，嚇得趕緊跪在地上，一把眼淚、一把鼻涕地請皇帝三思，唐敬宗這才收回成命。

過了一年，唐敬宗不知道哪根神經搭錯了，要去驪山玩兒。大臣們

一聽都把頭搖得像撥浪鼓一般，拾遺（諫官）張權輿把頭磕得「砰砰」響，說道：「這驪山是一個不吉利的地方呀！皇上您想想看，秦始皇埋葬在驪山，所以秦朝是個短命王朝；唐玄宗在驪山修了一座宮殿，安史之亂就爆發了；先皇去了一趟驪山，回來沒多久就死了。皇上，您可千萬不能去呀！」

聽到張權輿這麼說，唐敬宗更加感興趣了。他說：「驪山真的有你說的這麼凶險嗎？越是這樣，我越要去玩兒一趟，看看你說的到底是不是真的。」依我看，他就是典型的叛逆性格，不讓他做什麼，他偏要做什麼。

從驪山回來之後，他還得意揚揚地到處炫耀說：「你看我這不是好好地回來了嗎？看來那些大臣們都是在胡說。」不知道張權輿聽到這話，有沒有氣得吐血。

他喜歡打馬球，平時沒事就拉着禁軍將士、太監、官員們去打球。誰要是敢說不去，準沒有好下場。寶曆二年六月份，他還組織了一次運動會，項目分別有馬球、摔跤、散打、搏擊、拔河、雜戲等等，不少人都爭着報名參加。整個皇宮都快鬧翻了天。那些長着一把鬍子的大臣們，一個個都搖頭歎氣。

沒過多久，唐敬宗把這些都玩膩了，開始迷上了一種新的遊戲——打夜狐，就是晚上去山上打狐狸。一些太監為了討他開心，整天在長安郊外轉悠，到處去找狐狸窩。一到晚上，唐敬宗就帶着人馬去射狐狸，如果哪一天沒射到狐狸，就會大發脾氣。他周圍的人可遭殃了，被打是小事，有時候還會全家抄斬。時間久了，宦官們都叫苦連天，白天要去找狐狸，晚上還要跟着去打狐狸，這日子過得真是太痛苦了！

終於有一天，唐敬宗把自己的命也玩兒進去了。宦官劉克明已經忍耐唐敬宗很久了，他決定盡快動手。一天，唐敬宗帶人打完狐狸，心情特別好，便和幾個宦官在宮殿裏面喝酒。酒喝多了之後，他迷迷糊糊去

更衣室換衣服。忽然大殿的燈燭全部滅了，劉克明和幾個宦官一起擁上去，把唐敬宗殺死在更衣室裏。

（摘自《唐朝史官筆記》）

特別報道 做皇帝的理由

唐敬宗死了之後，誰來做皇帝，成了一個大問題。劉克明覺得自己既然可以殺死一個皇帝，自然也可以另外立一個皇帝。

於是他假傳聖旨，選了絳王李悟來管理國家。做完這件事之後，劉克明貪心不足的毛病犯了，準備把別的宦官手中的權力奪過來。這下捅了馬蜂窩，老宦官們可不是這麼好惹的。王守澄等手握大權的宦官們急了，聯合左右神策軍，加上三朝元老裴度，連夜把劉克明和李悟殺了，然後把江王李涵接到皇宮來做皇帝。

做皇帝得有一個好理由，不然下面的人不服氣，誰也不會把皇帝放在眼裏。王守澄想破了頭也沒有想出個合適的理由，只好去找裴度和韋處厚。韋處厚到底是個讀書人，腦瓜好使，對着王守澄翻了一通兒白眼兒，說：「劉克明殺了先帝。現在劉克明死了，等於是給先帝報了仇。你不會把這個功勞記在李涵頭上啊？有了這麼大的功勞，當皇帝還不是綽綽有餘？」

王守澄聽了這話，對韋處厚簡直佩服得五體投地，正準備拔腿就走，韋處厚一把拉住他，說：「你急什麼？這才是第一步呢！第二步，要文武百官上書，懇求李涵做皇帝，然後讓李涵連着拒絕三次，最後再答應。」

這下王守澄可弄糊塗了，他說：「為什麼要拒絕三次呢？直接答應不好嗎？幹嘛要這麼麻煩？」呆子果然是呆子，韋處厚歎了口氣，說道：「謙虛很重要啊！如果第一次就答應的話，百姓們會覺得你是迫不及待要做皇帝，影響多不好！走好第二步之後，就以太皇太后的名義發表文書，這樣就名正言順了。」

一席話讓王守澄聽了，除了叫「厲害，厲害」和「佩服，佩服」之外，再想不到別的詞語了。他馬上按照韋處厚說的去做。

寶曆二年十二月初八，李涵正式走馬上任，成了大唐的皇帝。既然是新皇帝，自然也要換一個新名字，李涵改名叫李昂（即唐文宗）。

七嘴八舌　新皇帝的不同之處

雖然唐敬宗和新皇帝（唐文宗）是一個爹生的，但是他們的性格有着天壤之別，甚至可以說是兩個極端。唐敬宗當皇帝的時候只顧着玩兒，把整個皇宮都給折騰成一個歡樂谷了。相比之下，新皇帝與之可完全不同。

他們兩兄弟到底有哪些方面不一樣呢？我們採訪了幾個當事人，一起來聽聽他們是怎麼說的。

韋處厚（兄弟倆的老師） 💬他們讀書的時候表現得就不一樣。唐敬宗呢，三天兩頭逃課，一年下來也見不到他幾次；新皇帝就不同了，從來不遲到，不早退，刻苦勤奮，提問都非常有水平，我有時還會被他問得無言以對。

大臣一 💬 唐敬宗做皇帝的時候，一個月最多上兩三次朝，每次上朝也只是走走形式，隨便敷衍了事。而新皇帝每天都按時上朝，找大臣們商量天下大事，從天沒亮一直討論到太陽落山。做皇帝的這麼盡心，我們這些臣子們自然也要盡力，這樣大唐就有希望了！

　　大臣二 💬 我們現在倒霉了！想起唐敬宗在位的時候，我們不幹活也可以拿俸祿。自從新皇帝上台後，一天到晚都要繃着神經，餓着肚子跟他討論問題。誰要是遲到了，還要扣俸祿。還是以前舒服啊！

　　宮女們 💬 唐敬宗在的時候，每年都要選好幾次宮女，但是他自己卻長年在外面玩兒。我們進宮了好幾年都不知道他長什麼樣子。新皇帝一來，就放我們回家。在宮裏待了這麼多年，終於可以和家人團聚了。

　　權貴們 💬 新皇帝真沒勁，自己不打獵、不養寵物也就算了，偏偏還不准我們打獵。他還頒佈了一個《禁弋獵敕》，如果我們偷偷去打獵，一旦被發現，就會被罰款。這日子過得真無聊！

王守澄自述 我培養了兩個叛徒

　　失誤，失誤，大失誤！萬萬沒想到，我辛辛苦苦培養的兩個安插在皇帝（唐文宗）身邊的臥底居然會背叛我！真是氣得我想吐血！

　　皇帝聽了宰相宋申錫的建議，準備鏟除我們宦官。哼哼，哪有這麼容易的事啊？計謀很快就被我們識破了。所謂吃一塹長一智，我立馬安排兩個人到皇帝身邊，日夜監視他的行動。一個叫李訓，專門研究《周

易》，號稱李半仙，糊弄人總是一套一套的；另外一個叫作鄭注，是個不錯的醫生，皇帝有個什麼頭疼腦熱、傷風感冒，都是他在治。本來想，有了這兩個人，我就可以高枕無憂了！

他們倆很快就得到了皇帝的信任，除掉了好幾個大宦官，比如神策軍的官員韋元素、樞密使楊承和、山南東道監軍陳弘志等。我看在眼裏，喜在心上，他倆幫我除掉了這些人，我的位置就更加穩固了。但是我怎麼也沒有想到，實際上他們兩個人是在幫着皇帝，對付完這些人，下一個就是我了！

過了沒多久，皇帝就提拔我做了神策軍觀軍容使，看上去我是升官了，但實際上什麼權力也沒有，我的大權都給了仇士良。直到這個時候，我才明白他們葫蘆裏面賣的是什麼藥。

這兩個人真是太壞，太狡猾了！

編後記 💬李訓、鄭注後來送了一杯毒酒給王守澄，結束了他的性命。

李昂自述 心理素質很重要

　　我想除掉這幫宦官不是一天兩天了。本來以為，只要下定了決心，什麼事情都難不倒我。尤其是王守澄死後，我興致勃勃做好了計劃，準備一併除掉這些人。

　　我和李訓、鄭注商量，決定選擇王守澄下葬那天動手，因為那天所有的宦官都要去送殯，我們可以來個一網打盡。

　　誰知道李訓為了搶在鄭注前面，提前做了另外的安排。大和九年十一月二十一日，上朝之後，金吾大將軍韓約報告說：「大明宮花園的石榴樹上，每天晚上都有甘露降臨。這是老天顯靈，預示着我們大唐的好日子就要來了。」我一聽，假裝很高興的樣子，派李訓等幾個大臣去看看是不是真的。李訓回來說好像不是，但也不肯定。於是我又派宦官仇士良和魚志宏去看，實際上李訓已經在大明宮埋伏了不少人，只等仇士良幾個宦官一到，馬上把他們殺掉。

　　誰知道，金吾大將軍韓約在這個關鍵時刻居然掉鏈子，他太緊張了，額頭上的汗多得像斷了線的珠子一樣「劈裏啪啦」直掉，手還一直發抖。本來十一月已經非常冷了，他突然流這麼多的

這家夥怎麼這麼緊張？難道這裏有埋伏？

我叫……不……緊……張……

汗，讓仇士良產生了懷疑。韓約真是壞了我的大事啊！早知道，我一定要好好訓練並提高他的心理素質！

就在這個緊急關頭，老天也不幫我，颳起了一陣大風，周圍埋伏的人都暴露了。仇士良反應很快，以百米衝刺的速度跑回大殿，抓住我就往內殿跑，順便還把宮門給關閉了，接着就大開殺戒，當場殺了不少官員。我幾乎被嚇傻了，呆呆地站在旁邊不敢動。

憤怒的仇士良殺了一千多名官員。有的人甚至根本就不知道這件事情的來龍去脈。李訓裝傻跑到終南山，最後被抓回來殺掉了，同時被殺的還有鄭注一家人。

這件事之後，仇士良更加囂張，動不動就對我冷嘲熱諷。我也因為失敗，只好忍氣吞聲。我一直在想，如果我們計劃得更加周密一些，如果韓約不那麼緊張，如果那次行動我們成功了，那麼一切都不同了。

但是事實就是事實，沒有辦法改變。

編後記 💬 此次行動，被稱為「甘露之變」。

特別報道　誰當皇帝，宦官說了算

甘露之變失敗後，宦官們就沒有給過唐文宗好臉色，日子過得那叫一個鬱悶，加上生病，沒多久唐文宗就一命嗚呼了。

老天似乎和唐文宗過不去，無論他想做什麼，都會出現意外。就拿立太子來說，一開始唐文宗想立哥哥唐敬宗的兒子為太子，可是這孩子長到五歲就夭折了。接着他想立自己的兒子為太子，可是沒過幾年這孩子也死了。最後他選了唐敬宗的第六個兒子李成美做太子，可還沒等到

正式冊立，自己就一病不起。臨死之前，他把李成美託付給宦官劉弘逸與宰相李珏。

大宦官仇士良、魚弘志知道這個消息之後，卻另有打算，因為他們知道如果李成美當了皇帝，肯定會感激劉弘逸和李珏，而自己到時候就不受歡迎了。於是他們假傳聖旨，立唐文宗的弟弟穎王李瀍（音同蟬）為皇太弟。幾天之後，唐文宗去世，李瀍（後改名李炎）順理成章做了皇帝（廟號武宗）。

李炎自述　我的特長是演戲

我做皇帝之前，皇位一直在我的幾個哥哥手裏轉來轉去。他們把國家折騰成什麼樣子我管不了，但我做了皇帝之後，就要好好把這個國家管理好。

算起來，我得到這個皇位多虧仇士良的幫助，起初，雖然不喜歡他，但也不能表現出來。這對我來說實在是太容易了，誰讓我最擅長的就是表演呢。

表演的第一招就是百依百順。仇士良說唐文宗的妃子留着是個禍害，應該殺掉，我二話不說，就把她殺了；仇士良又說李成美長大以後肯定會知道是我搶走了他的皇位，此人很不安全，應該殺掉，於是我就聽話地把李成美殺了；他又說我弟弟安王李溶是個危險人物，應該殺掉，我點頭同意。仇士良一看我這麼聽話，心裏別提多高興了。

表演的第二招叫作迷惑人心。沒事我就出去騎馬、喝酒、唱歌。仇士良見我有做昏君的天分，心裏樂滋滋的。等他放鬆了警惕，我把李

德裕找來，讓他當宰相。李德裕果然沒有辜負我的期望，事情做得又快又好。

仇士良見李德裕這麼受寵，恨得牙根兒癢癢的，便找個理由告了李德裕一狀，卻被我當場識破。他當時有些害怕，假意提出要辭職。他以為我會挽留他。哼，只要你敢辭職，我就敢批准。我當即就簽字同意，發了他一筆退休金，讓他回家養老去了。過了沒多久，有人對我說仇士良死了，我大大地舒了一口氣。

官員的工資問題

　　雖然讀書人擠破頭都想做官，但其實做了官工資也不高，光靠那點工資，養活一家人都有困難，何況有的地方還拖欠工資。官員們既不種田，又不做生意，一連幾個月不給發工資，豈不只有去喝西北風了？一家老小的日子可怎麼過？不過你不用為他們擔心，這群人有的是辦法，工資太少可以去貪污嘛。

　　朝廷一向重內輕外，於是官員們都想待在京城，不想去偏遠山區。誰要是被發配到遠離京城的地方，都是一路上哭着去的。想一想也是，整天待在皇帝眼皮子底下，升官也容易些呀。大家都不傻，誰不知道待在京城舒服？這樣一來，京城的官員就越來越多。

　　為了解決官員因貧致貪以及京官越來越多這兩個大難題，皇帝（唐武宗）和宰相李德裕費了不少勁兒，想了幾個辦法：先是保證官員們的工資按時足額發放，偏遠山區的官員們工資可以提高一點。有了高工資的誘惑，總會有人心動。此外，官員們缺錢還可以向國家申請貸款。

　　雖然很多人覺得依靠提高工資的辦法，讓官員們保持廉潔有點不靠譜，想貪污的人照樣貪污，工資再高也沒用。不過事實上，還是起到了一定的作用。

（評論員　華多多）

皇帝下令拆毀寺院

《中國歷史報》編輯：

我是寺廟裏面的一個和尚。最近皇帝（唐武宗）下令要拆毀寺院，沒收我們的田產，把我們趕出去。

皇帝難道不知道從唐朝一開始建立，歷代皇帝們都很喜歡我們佛教嗎？玄奘大師千里迢迢從天竺取經回來，唐太宗不僅親自去迎接他，還寫了一篇《大唐三藏聖教序》；唐高宗、武則天時期，修了不少佛像和明堂；唐肅宗和唐代宗在皇宮裏養了幾百個和尚，天天唸佛；唐憲宗還把釋迦牟尼的舍利子放到宮中供養了一段時間。

看看，以前這些皇帝們是多麼熱愛我們佛教！可當今皇上倒好，一上台就說我們霸佔了太多的良田，而且從來不交稅，犯了法也沒法治我們的罪，說我們活着是浪費國家的錢財，死了是浪費國家的田地，所以要大力整頓。

他組織了一支拆遷隊，幾個月的工夫就拆了四千六百多座寺廟，沒收了良田幾萬頃，把那些金的、銀的佛像砸掉拿去造錢，趕走了將近三十萬名僧人。這樣下去，佛教都快滅亡了！

以前，我們整天在寺廟裏面唸唸佛、看看書就好了，田地請別人給我們種，收成歸我們自己所有。現在皇帝硬把我們趕出去，我們既不會種田，也不會經商，可怎麼辦啊？

你們一定要幫我們去向皇帝求求情啊！

一個可憐的和尚

我們就是土皇帝

雖然我朝只有一個正牌皇帝，那就是李炎（唐武宗），不過，在地方上，我們這些土皇帝——節度使，生活得比他還要幸福。雖然沒有人叫我們皇帝，可實際上，我們比皇帝更風光、自在。

我們都有自己的一塊地盤，讓誰做官，我們自己說了算，根本不用向皇帝請示。百姓們每年要交多少稅，也是我們說了算；收上來的錢也不用上交，我們想怎麼花就怎麼花。而且，我們還有自己的軍隊，誰要是敢欺負我們，可以隨時帶領軍隊去懲治他，看誰還敢不聽話。我的兒子和太子差不多，如果哪天我死了，我的位置就是我兒子的。我兒子死了，位置就是我孫子的……

聽說皇帝經常被我們氣得吹鬍子、瞪眼睛，其實他完全沒有必要。從唐玄宗那時候開始，藩鎮割據就一直存在。這是大唐每個皇帝都要面對的，又不是只有他一個人會遇到這樣的事情，有什麼好生氣的！

雖然每個皇帝都對我們恨得咬牙切齒，做夢都想收拾我們，但是沒幾個成功的。有人對我說新任皇帝準備給我們點顏色看看，我聽了大笑起來，這皇帝還真是幼稚，就憑他？想都不要想！

沒想到，這家夥還來真的了。今年劉稹沒經過皇帝批准，自己做了澤潞節度使。這下可把皇帝給惹火了，派人三下五除二就把他給滅了。

天哪，看來皇帝是來真的了！那我還是小心為妙。再這樣下去，說不定下一個倒霉的就是我了。

編後記 💬 唐武宗在位期間，是大唐中後期較為平穩的一段時間，被稱為「會昌中興」（會昌是武宗的年號）。

1. 下面哪位皇帝不是被宦官殺死的？

    A. 唐文宗　　B. 唐敬宗　　C. 唐憲宗

2. 唐武宗發動「會昌滅佛」的主要原因是：

    A. 他不喜歡和尚

    B. 寺廟佔了百姓很多的良田，而且不交稅，影響了

    　　政府的財政收入

    C. 不喜歡佛教

答案：1. A　2. B

9

宣宗之治

八四七年～八七三年

◎傻皇帝居然會讓百姓豎起大拇指，還得名「唐太宗第二」。

◎做公主也要有好脾氣，不然未婚夫都會被人搶走。

◎宰相又老又病，為何一再辭職都不被批准？

◎放在寺廟裏面的佛骨，為何會被皇帝「請」到皇宮裏去？

◎更多精彩，盡在第九期——「宣宗之治」。

聽說皇帝是傻子

你們知道唐武宗死了之後，是誰做了皇帝嗎？聽說是他的叔叔，就是那個有名的傻子 —— 光王李忱。論輩分，他是敬、文、武宗的皇叔，論年齡卻比唐敬宗和唐文宗還小一歲。因為他媽媽只是一個宮女，而他呢，傻呆呆的，所以從小就不受待見。

唐文宗做皇帝的時候，有一次請大家去吃飯，李忱呆勁又犯了，一個人坐在角落裏，不和別人打招呼，臉上一點表情也沒有。唐文宗看着這個傻乎乎的小叔叔，覺得特別好玩，就說：「你們誰可以讓他說話，我重重有賞！」

一聽有賞，在場的各位王爺都擠上前去，爭着和他說話、開玩笑，甚至打他。李忱就像睡着了一樣，不管別人怎麼逗他，眼睛都不眨一

下。最後，居然沒有一個人可以讓他開口。

就這麼一個大傻瓜，唐武宗還是不放心，怕他奪自己的皇位。有一天派了幾個人把他捆起來丟到糞池裏面去，淹不死他也要臭死他。過了好半天，唐武宗對宦官仇公武說：「去看看那個傻子死了沒有，沒死的話想辦法把他弄死。」

仇公武一看，光王李忱居然還活着。仇公武有點可憐這個傻子，就把他從糞池裏拉上來，偷偷地用車子運出宮去。就這樣，李忱九死一生，總算是撿回了一條小命。

唐武宗死後，他的幾個兒子都太小，沒有辦法繼承皇位。宦官仇公武想起了李忱，便和另外一個宦官馬元贄把他找來，擁立他做了皇帝（唐宣宗）。

嘿，這下好了，李忱是個傻子，這不明擺着馬元贄和仇公武是要控制這個傻子，把所有朝政大權都掌握在自己手中嗎？我看，這下我們大唐可是要徹底完蛋了。

情報速遞　原來皇帝是裝傻

真是想不到啊，原來李忱根本不是傻子，是假裝的！他比誰都精明，深知自己如果不裝傻，早就被侄兒唐文宗和唐武宗害死了。裝瘋賣傻了三十六年之後，趁武宗病重，他聯合宦官政變，終於做了皇帝。一登基，他馬上就像變了一個人，把唐武宗制定的規矩一股腦兒全都推翻了。

朝廷大臣之間的派系鬥爭非常嚴重，排在首位的當屬牛黨和李黨。

李忱當上皇帝沒多久，就把李黨的老大 —— 李德裕趕出了朝廷。接下來的一年時間，李黨的人統統都被撤職。而這些空出來的位置都被李忱安排了自己的親信。這個大舉動可把全國人民都驚呆了。

皇帝是宦官擁立的，所以宦官們老覺得自己是大功臣，一心想着皇帝肯定特別感激自己，做起事情來就很放肆。李忱可不是這麼想的，只要敢不把皇帝放在眼裏，不管你是誰，都不會讓你好看。

這不，大官員馬植就栽了一個大跟頭。馬植做宰相做得好好兒的，也沒有得罪誰，也沒有貪污腐敗的劣跡，忽然就被皇帝免職，發配到邊疆去了。這是怎麼回事呢？

原來是一條玉帶惹的禍。這條玉帶可不是普通東西，而是皇帝為了表揚馬元贄的功勞賜給他的。雖然皇帝心裏對馬元贄是一百個不喜歡，但是在表面上，他還是對馬元贄非常好，經常送貴重東西給他。

可過了沒幾天，這條玉帶居然出現在馬植的腰上，原來馬元贄把皇上賜給他的玉帶送給了馬植。你說馬植也真是的，別人送的東西你偷偷放在家裏就好了，為什麼要大搖大擺地繫在自己的腰上呢？這下好了，皇帝一看到就問他：「這條玉帶是不是馬元贄送給你的？」馬植一看皇帝很不高興，這個時候要是再說假話，肯定會死得很慘，於是只好說實話：「是的，是馬元贄大人送給我的。」

第二天，皇帝便免去了馬植的宰相職務，理由是：馬植和馬元贄都姓馬，兩個人又都在朝廷當官，馬元贄還把皇帝送的玉帶送給馬植。看來他們的關係不一般，有結黨的嫌疑，這樣的事情要毫不留情地處理。

望着馬植遠去的背影，大家心裏都在暗暗感歎，這個李忱可不像前幾個皇帝那樣好欺負。看來以後做事還是要多多小心，千萬不要再和宦官們走得太近。

皇帝李忱 —— 人人叫他「小太宗」

　　唐太宗是每個大唐人都敬仰的皇帝，一提起他，無論是誰都要豎起大拇指。讓人高興的是，今上竟然也有點唐太宗的風範，大家都叫他「小太宗」。

　　今上非常喜歡唐太宗，曾叫人把《貞觀政要》抄錄下來，一有時間就捧在手裏閱讀，還讓人每天給他朗讀唐太宗寫的《金鏡》，每次都感歎地說道：「要想天下太平，就應該按照這樣的話來做啊！」

　　今上不喜歡坐在家裏聽大臣們報告天下大事，很多事情他都要自己親自去了解。

　　有一次，他微服私訪，在路上遇到一個柴夫，於是就坐下來和他聊天。柴夫還以為坐在自己對面的只是個普通人。兩人聊了好半天，聊得挺開心。今上問：「你們這裏的官員叫什麼名字啊？」柴夫說：「叫李行言。」今上又問：「他的官做得怎麼樣？你們喜不喜歡他啊？」柴夫說：「喜歡倒是挺喜歡的，不過這個人是個死腦筋，固執得像頭牛一樣。上次他抓了幾個強盜，恰好這幾個強盜和北司的軍隊有點關係，北司的人要求他放了這群人，李行言倒好，不但不放人，反倒把這幾個人給殺了。」

　　皇上聽後笑了笑，沒有說話，回去後就將李行言的官職升到海州刺史，還賜了很貴重的金魚袋和紫衣。這可是非常高的賞賜，周圍的人羨慕得眼睛都紅了。今上問李行言：「你知道為什麼我要送這些東西給你嗎？」李行言搖搖頭。今上於是就把那天的事情告訴他，誇獎他做得好。

　　最讓人拍手叫好的，是今上收復了河湟地區。這個地區在安史之亂後一直被吐蕃人佔領，到現在已經一百多年了。今上做皇帝以後，正好趕上吐蕃內部鬧矛盾。趁着這個機會，今上派了一些部隊去，原本吐蕃

人控制的「三州七關」一夜之間全部向唐朝投降。過了兩年，沙州豪傑張議潮收復涼州，歸順朝廷。

對於這樣一個皇帝，大家是怎麼評價的呢？

李君爽（大唐官員） 💬 我本來在澧泉（今陝西禮泉）做縣令。有一天忽然接到調令，要我去做懷州刺史，聽人說這還是皇帝親自下的命令。我覺得非常奇怪，皇帝怎麼會知道我這個小小的縣令呢？後來我去朝廷拜謝皇帝的時候，他告訴我，有一次他出去打獵，看到澧泉的老百姓正在求神，請求讓我能夠接着當澧泉的縣令，於是皇帝就記住了我的名字。

韋澳（翰林學士） 💬 今天碰到一件有意思的事情。鄧州刺史薛弘宗見了皇帝，從宮中出來之後對我大發感慨：「老兄啊，皇帝真是太厲害了！怎麼什麼事情他都知道啊？」其實，薛弘宗不知道，皇帝早就秘密地命令我把各地的風土人情都編成一本書，叫《處分語》，皇帝每天都翻閱呢。哎，這件事只有我和皇帝知道，你們可千萬不要泄露出去嘍！

孫隱中（大唐官員） 💬 我最近真是倒霉透頂了，為了一點小事受了處分。前幾天，管錢的財政大臣送了一個奏摺上來，奏摺裏面把「漬」寫成了「清」，我一看這不是錯別字嗎？於是就拿起筆把這個字給改了過來。誰知道就這麼一點小事竟被唐宣宗發現了。他當場就發了脾氣，說我隨便改別人的奏摺，把我狠狠說了一頓。我心想皇上他的眼睛也太尖了吧？唉呀，真倒霉！

小周（皇宮太監） 💬 皇帝的記性可真是好，簡直就是過目不忘。我們這些打雜的人，不管是掃地的，還是做廚子的，只要他見過一面，問過一次名字，下次再見時保準能叫出名字來。他叫我們做事也總是指名道姓

地下令，這個去做什麼，那個去做什麼。他這也太厲害了吧！他對我們還非常好。有一次我生病了，皇帝知道了，馬上讓御醫給我來看病，還帶了禮物來看我，把我感動得嗚嗚地哭了。

令狐綯（宰相）💬皇帝對我們這些大臣非常提防，只要做錯了事，很容易受到嚴厲的處罰。所以我雖然做了十多年宰相，皇帝對我也非常信任，但是每次向他彙報情況的時候，我都是汗流浹背，生怕出差錯。

情感專題 這個爹爹有點嚴厲

都說做公主幸福，自己的爹爹是皇帝，從小到大都有很多人寵愛着，誰敢惹啊。可是，如果碰到了像唐宣宗這樣的爹爹，做公主也要小心一點，不然是要吃大虧的。

唐宣宗給女兒選丈夫，看上了一個叫于琮的青年，很快就開始準備婚禮了。不料，事情在這個節骨眼兒上出了一點問題。

有一次，永福公主和唐宣宗在一起吃飯，因為一點小事，永福公主當場就發起脾氣來，把筷子都給折斷了。唐宣宗非常生氣，說道：「你的脾氣也太壞了！當着我的面你都敢這樣，以後嫁人了還不鬧翻天啊？真把你嫁給貴族人家，還不是丟我的老臉！我看你也不要準備出嫁了，讓你妹妹廣德公主嫁給于琮好了。」說完，拂袖而去。

永福公主一開始還以為爹爹是說着玩的，沒想到最後真的是自己的妹妹廣德公主代替自己出了嫁。

看來做公主也要有好脾氣呀，不然未婚夫都被人搶走了。

牛、李兩派辯論：做官那點事兒

之前朝廷有兩派人互相傾軋，互不服氣，爭吵不休，長達四十年。為此，他們舉行了一場辯論賽。讓我們先看看辯論的選手吧。

牛黨選手 💬 牛僧孺、李宗閔等人。他們大多是科舉出身，偏向庶族地主，門第卑微。

李黨選手 💬 李德裕等人。他們大多出身於豪門世家，門第顯赫，通常是依靠父祖輩的高官地位而進入官場。

初賽辯題：怎樣才能選拔出好官員？

牛黨 💬 科考。誰考得好誰就做官。就像我們，憑藉多年寒窗苦讀，考取進士，獲得官職一樣。

李黨 💬 做官和讀書根本就不是一回事！讀書成績好的，未必就是個好官。有的人書呆子一個，怎麼能為百姓謀福利、處理好國家大事呢？科舉考試的有些風氣太過浮躁了，還是世家大族傳承的作風較為穩重。而且，做一個稱職的好官也需要學習。像我們，家裏人都是做官的，耳濡目染，自然就知道怎麼做官了。

牛黨 💬 胡說！如果做官不需要文化，那我們大唐的官員豈不都是文盲了？文盲可以做好官嗎？再說，如果選拔官員都必須官宦出身，那我們這些門第卑微的人，豈不是一輩子都沒有機會當官了？

李黨 💬 誰說我們是文盲啊！我們也讀過書，而且老師都是全國一流的學者。我們比你們學得更好！再者說，如果沒人告訴你做官要注意什麼，你們就等着栽跟頭吧！

複賽辯題：如何對待藩鎮割據？

李黨 💬 藩鎮的節度使都有自己的部隊，根本不把皇帝放在眼裏，而且力量日益膨脹，遲早會造反。該給他們一點教訓了，誰要是不服從朝廷旨意，我們就滅掉誰！

牛黨 💬 這話不對。現在節度使很多，打其中一個，其他人會聯合起來對付朝廷，到時候我們就會樹立很多敵人。最好的辦法就是：只要他們不鬧事，隨他們去吧。

李黨 💬 你們真是膽小鬼。任由他們發展下去，以後朝廷的權力就會越來越小。到時候他們一旦造反，朝廷一點辦法都沒有。皇帝只會逃跑，可憐的老百姓可怎麼辦哪？

牛黨 💬 我看你們不動腦子，如果現在去討伐他們，不是一樣會死人嗎？如果誰也不侵犯誰，大家相安無事，對誰都好。再說，要是打仗的話，你敢說我們一定會打贏嗎？打輸了怎麼辦，你們能負責嗎？

- -

編後注 💬 實際上牛黨中人也有很多世家大族出身，李黨中也有很多科舉出身的官員。兩黨的政策並非完全衝突，他們的矛盾中也不無權力之爭的因素作怪。宣宗即位，把武宗的忠臣李德裕貶到海南，政壇從武宗和李德裕的對台戲變為宣宗的獨角戲，牛李黨爭也宣告了結束。

記者述評

夾心餅乾李商隱

李商隱這輩子，遇到了兩位幫助過他的大貴人，但是這兩位貴人，也讓他陷入了兩難之中。

早些年，李商隱因為文章寫得好，被文學大師令狐楚看中。令狐楚當時是天平軍節度使，家裏有點錢，所以就資助李商隱讀書，並把他推薦給主持科舉考試的官員，讓他順利地考中進士，總之對李商隱就像對待自己的親生兒子似的。令狐楚病得奄奄一息之際，還把李商隱叫過來，讓他替自己給皇帝上表。可見他有多重視這個年輕人。

　　令狐楚去世之後，李商隱又遇到了第二個貴人──涇原節度使王茂元。王茂元不僅對他很好，還把自己的女兒嫁給他。也許你會說李商隱這傢夥真幸運，天底下的好事都被他碰到了。

　　可實際上，李商隱並不幸運，他覺得自己變成了一塊「夾心餅乾」。由於牛李黨爭非常厲害，牛黨上台之後，李黨的人全部被趕到邊遠山區去；同樣，李黨上台的時候，牛黨也別想過好日子。李商隱的老師令狐楚是牛黨的代表人物，而岳父王茂元卻是李黨的代表。李商隱夾在中間，裏外不是人。李商隱兩邊都不想得罪，可是偏偏他都得罪了，牛黨的人罵他是叛徒，李黨的人也時刻提防着他。

　　在這種情況下，李商隱的性格變得越來越敏感，他寫的詩歌，也非常晦澀、朦朧，總是將自己的感情深深地埋藏起來，別說一般人看不懂，就是讀過很多書的人，也不一定知道他的詩表達的是什麼意思。

叛徒！呸！

白眼兒狼！

李黨

牛黨

皇帝的遊樂開支

唐宣宗聰明一世，但他死後，一部分宦官擊敗了太子和他的託孤宦官，立另外一位王子即位，也就是唐懿宗。

唐懿宗李漼（音同璀）雖然是唐宣宗的親生兒子，但性格卻和他爹完全不同。唐宣宗做皇帝很節儉，而李漼呢，簡直把天下的老百姓當成可以自由取錢的提款機了。

第一，請吃開支。李漼特別愛熱鬧，三天兩頭請人到皇宮裏來開party。吃的菜、喝的酒都必須要最好最貴的，不然就顯示不出皇帝的尊嚴了。

第二，娛樂開支。李漼喜歡聽人唱歌，在皇宮裏養了五百多個歌唱家。這些人的吃喝拉撒都由皇宮負責。除了要付給他們工資以外，有時候他一高興，還大把大把地賞錢給那些人。

第三，旅遊開支。李漼不喜歡上朝，也不喜歡處理政事，而是將大把的時間用來遊玩。有一年，他突發奇想說要去祭拜祖宗的墳墓。那墳墓一共有十六座，全部祭拜一遍，最少要半個月。他帶上大隊的人馬和食品，花錢就像流水似的。

這幾項合計算下來，花了整個國家一年稅收的一半都不止，碰到其他要用錢的地方就捉襟見肘了。唉，唐宣宗要是知道他兒子是這個樣子，肯定要氣得翻白眼兒吧。

我知道皇帝是怎麼想的

李漼對做皇帝沒什麼興趣，對天下大事也不關心。除了吃喝玩樂之外，恐怕就只有一件事可以引起他的興趣，那就是換宰相。

他剛做了皇帝沒多久，就把原來的宰相令狐綯給炒了魷魚，然後把我叫過去，說：「白敏中，要不你來做宰相吧！」我一聽直搖頭說：「不行啊，皇上，我已經一大把年紀了，想早一點兒退休回家。您還是另外選一個人吧！」

不要以為我放着宰相不做是個大傻瓜。皇帝成天只知道玩，根本不管事，誰做他的宰相肯定會被累死的！但他第二天就下了命令，讓我當宰相。事已至此，沒辦法，我也只好硬着頭皮上了。

人老了，腿腳不利索了。有一天上朝的時候，我不小心一腳踩空，從台階上摔下來，把骨頭給摔斷了。醫生要我躺在牀上好好休息，不能隨便走動。連牀也下不了，更不要說上朝了。皇帝知道了這件事，馬上對我說：「你好好休息，這陣子不用來上朝了！」

我在家休息了好幾個月，皇上卻沒有找人來代替我。沒有宰相，很多事情都沒人去處理。我對皇上說：「我本來就老了，現在又受了傷，乾脆找人來代替我吧！」可皇帝卻滿不在乎地說：「沒事，你不要着急，好好休息，等你的身體好了再說。時間還長着呢！」

我知道皇帝心裏是怎麼想的。我生病了就沒有人去管他，他可以痛痛快快地玩樂。如果選一個新的宰相，肯定會天天在他耳邊嘮嘮叨叨地說國家大事，到時候他就沒這麼自由了，所以他才說要我慢慢養病。

（選自《宰相白敏中回憶錄》）

不公平的考試制度

尊敬的編輯：

　　我現在是滿腹的委屈、憤怒和不解。為什麼皇帝李漼要這樣偏心？大家都知道，我們讀書人寒窗苦讀這麼多年，就是為了有朝一日可以考取一個功名。如果有幸可以考上進士，那全家都跟着光榮。雖然進士很難考，但是我們都在為此做着不懈的努力。

　　也正因為進士很難考，所以凡是考上的人，不管年紀多大，在我們心中都非常了不起，非常風光。一般來說，就算五十歲考中進士，都算得上是年輕的。有的人讀了一輩子書，也未必考得上。

　　今年早些時候，有人告訴我，現在當進士很容易，不要考試了，我覺得這太不可能了。可是很快我就聽說，只要和皇帝關係好，只要他喜歡你、相信你，你就什麼考試也不用參加，可以直接成為進士。

　　這對於我們這些和皇帝沒有關係的窮苦書生來說，不是太不公平了嗎？我們讀書的目的就是通過考試當上官，好報效國家。現在這些人只要有關係，就可以輕輕鬆鬆成為進士，做上官，處理國家大事，把我們僅有的考試機會都搶走了。

　　退一步講，如果這些人都沒有讀過什麼書，根本就不是知書達理的人，那麼把國家大事交到他們手上不是太危險了嗎？

　　這種不公平的考試政策會讓我們讀書人喪失信心，甚至產生報復社會的想法。

一個苦惱的讀書人

佛骨那點事兒

七嘴八舌

咸通十四年（873 年）三月，皇帝李漼下令到法門寺去迎奉佛骨。消息一出，天下議論紛紛，眾報刊都對這件事闡述了自己的觀點。我們從報刊上摘錄了一些評述。

《家庭教育報》 這件事和皇帝的家庭教育有關係。大家都知道，皇帝李漼的父親是唐宣宗。聽說唐宣宗年輕時當過和尚，所以一上台，就下令恢復被唐武宗差點毀掉的佛教。皇帝李漼跟他父親一樣，不僅非常喜歡佛教，還下令把佛骨放到宮中去供養。從這件事我們可以看出，家長對孩子的教育是非常重要的。如果想培養孩子的愛好，就先從大人做起吧。

《太醫院週報》 大唐皇帝都比較追求長生不老，連一代英主唐太宗都是如此。皇帝李漼打算把佛骨放在宮中供養，表面上說是「為了給百姓祈福」，實際上是想藉拜佛來祈禱自己長命。他的身體不太好，卻不聽太醫的話，這是很不理智的。

《法門寺日報》 阿彌陀佛，這真是一件大好事啊！連皇帝李漼都對佛教這麼誠心，其他人就更不必說了。有錢人捐金捐銀，爭相邀請得道高僧去做法會。當官者對我們佛門的事睜一隻眼，閉一隻眼，不敢過問太多。至於普通老百姓，都將各大寺廟的門檻兒給踏破了。

1. 被稱為「小太宗」的是：

   A. 唐宣宗李忱　　B. 唐憲宗李純　　C. 唐武宗李炎

2. 唐懿宗為什麼堅持要讓一個生病的人當宰相？

   A. 因為這個宰相不肯退位

   B. 因為生病的宰相不會對他嘮叨國事

   C. 因為這個宰相很能幹

答案：1. A　2. B

10

大唐末日

八七三年～九〇七年

◎為什麼要選一個小孩子做皇帝？

◎為什麼皇帝會叫宦官為「乾爹」？

◎為什麼養鵝會發大財？

◎為什麼官員想喝水，卻被老百姓追着打？

◎造反的勢頭越來越猛，皇帝會有何反應？

◎讓我們帶着這些疑惑，一起去報中尋找答案吧。

成績單

政治： 29

歷史： 32

軍事： 18

體育： 98

我選太子的標準

現在，皇帝（唐懿宗）病得只剩下一口氣了。他躺在牀上管不了事，誰做太子，將來繼承皇位就由我們宦官說了算。太子的位置只有一個，那麼由誰來坐呢？對此我心裏可清楚着呢：

第一，年齡要小。年齡小，不懂事，那麼什麼事情都要聽我們的。如果太子可以自己拿主意了，就用不着我們了。

第二，要貪玩兒。皇帝要是不喜歡玩兒，我們宦官就得不到重用。

第三，他的媽媽地位不能太高，最好是已經死了，這樣就不會有外戚和我們爭奪權力啦。

經過重重「挑選」，我們發現普王李儼最符合以上條件。他今年才十二歲；媽媽早就死了；這孩子還不喜歡讀書，整天只想着玩兒。哈哈，太子之位非他莫屬！

李儼即位後，改名李儇（音同軒）。

想喝水？沒門兒

咸通十年（869 年），陝州（今河南陝縣）的觀察使崔蕘（音同饒）遇到了一件奇怪的事：他要喝水時，老百姓給他喝的不是水，而是一瓢尿。

對此，崔蕘非常氣憤，他找到記者說：「簡直沒有王法了！竟然敢這

樣對待朝廷官員。他們還把朝廷放在眼裏嗎，難道他們不怕被治罪嗎？」

記者通過調查發現，事情的原委是這樣子的：

今年，陝州發生了百年不遇的大旱，人都沒有水喝，更不要說地裏的莊稼了。這樣下去，百姓真是沒法活了。當地的人一商量，選出了一位代表去向朝廷派來的官員崔蕘彙報此事，請求他想辦法幫忙抗旱。再者，今年的收成不好，能不能跟皇帝說一說，把今年的稅收減少一點兒。

可是崔蕘倒好，懶洋洋地看了一眼來的代表，指着院裏的一棵樹說：「這棵樹不是還有很多葉子嗎，哪有什麼旱災啊？來人啊，把這個亂說話的人給我拖出去打板子！」

代表被打了一頓，一瘸一拐地回去了。老百姓可都在家裏等好消息呢，一看派去的代表被打了，氣得將衙門圍了個水泄不通。還有一些年輕的小夥子操起家伙，準備衝進去把崔蕘揪出來痛打一頓。

崔蕘一看這陣勢，嚇得從後門偷偷地溜走了。他跑了很遠，渴得要命，看到路邊有一間屋子，就上前去找主人要水喝。主人一聽他是崔蕘，馬上給他端來了一瓢尿。

像崔蕘這樣的人，受到如此「禮遇」，活該！

記者述評　有事找乾爹

（唐僖宗）李儇在親爹唐懿宗死後，立馬又找了一個乾爹 —— 一個名叫田令孜的宦官。田令孜跟隨李儇多年，在李儇還是普王的時候就為他跑腿，表現得異常忠心。李儇一當上皇帝，就給了田令孜一個很大的官職。

田令孜讀過不少書，做事也很賣力，於是李儇就把「亂七八糟」的朝廷大事扔給田令孜去做，自己放心玩兒去了。他還稱田令孜為「阿父」，就是乾爹的意思。

「皇上，有地方遭水災了，您看怎麼辦？」

「去問我乾爹！」

「皇上，這個地方有旱災，顆粒無收，餓死很多人，怎麼辦？」

「去問我乾爹！」

總之，李儇只知道吃喝玩樂，其他事情全部交給田令孜去管。田令孜自然是萬分高興，誰的禮送得多，他就向着誰，反正皇上也沒空來過問。即使皇帝有事要問他，他也有辦法對付：提前準備好兩大盤子新鮮水果，等皇帝一到，一起坐下來侃大山。等吃到肚皮鼓脹，皇帝就捂着肚子回去了。至於國家大事，當然就隻字不提了。

獨家爆料　皇帝李儇的成績單

作為皇帝，李儇的各門「功課」都是不及格的。

政治課：不喜歡處理天下大事。不及格！

歷史課：祖先們創造了如此輝煌的歷史，可他從來沒有想過要去學習。不及格！

軍事課：他當皇帝這幾年，全國各地的起義部隊多得像馬蜂窩似的，他卻束手無策。不及格！

他只有一門功課成績特別好，那就是體育課。他喜歡的體育項目有

很多：打球、射箭、擊劍、下棋、鬥雞、賭鵝、打馬球，等等。每天他都會帶着一群人東奔西跑，到處玩樂。

對體育課的成績，皇帝自己很滿意。有一天，他對周圍的人說：「我要是去參加打馬球的進士考試，保準可以拿第一。可惜沒有機會啊！」

當時，旁邊有一個人不以為然，撇撇嘴說：「要是皇上您遇到堯、舜、禹這樣的人當考官，別說是拿第一，估計連及格都很難呢！」

沒將心思放在政務上，卻一心撲在玩樂上的皇帝，怎麼可能在古代的賢人那裏過關呢？聽到這話，皇帝卻只是笑了笑，就又帶着人打球去了。

廣 而 告 之

發財致富的捷徑

親愛的朋友：

您想發財嗎？您想快速致富嗎？現在就有一條好門路擺在你面前，那就是養鵝。

您肯定要問：為什麼一定要養鵝，而養雞、養鴨、養兔子不可以呢？

這是因為皇帝喜歡賭鵝。不管是烈日炎炎的夏天，還是寒風瑟瑟的冬天，皇帝每天都會和那些宦官、王爺賭鵝，玩得不亦樂乎。現在，鵝的價格飛速上漲，一隻鵝的價格已經超過五十緡（一緡等於一千文）。今年養鵝的人發大財了。

如果您也想發財，那還猶豫什麼？趕快到我們這裏來買鵝蛋和小鵝崽回去吧！零售、批發均可，量大價格從優哦！

購買地址：長安城西市金元坊１號

聯繫人：王小二

特別報道

天大的謊言

現在的官員，膽子真的是越來越大，大到連皇帝都敢騙。

今年七月的一天，大白天忽然就天黑了，抬頭一看，頭頂上黑壓

壓的全是蝗蟲。蝗蟲一落下來，就開始吃莊稼、路邊長的野花野草、大樹的葉子。蝗蟲數量很多，不到一個小時，就把莊稼和花草樹葉吃得精光。百姓們辛苦種了一年的莊稼就這麼被糟蹋掉了。

遇到這樣的情況，當地的官員不僅沒有積極想辦法捕殺蝗蟲，甚至，長安市的市長楊知至還對皇帝說：「託皇上的洪福，這些蝗蟲啊，一到京城都不吃糧食，自己撞到有刺的樹上，扎死了。皇上您完全不用擔心！」

這樣的謊話唐僖宗居然也相信了，還高興地和官員們喝酒慶祝！真是讓人氣憤！

黃巢日記　還是造反吧

874 年五月五日　心情：有點難過

如今天下不太平，連年發生水災和旱災，而稅收卻越來越重，不少人都餓死了。但是我的販鹽生意還不錯。官鹽價格太高，我的私鹽相對要便宜很多，買的人自然不少。

雖然賺了不少錢，但是也非常危險，每次賣鹽我都要小心翼翼，很多次都差點兒被官兵抓住。幸好我武藝高強，每次都成功逃脫了。

賣私鹽這事很不安全啊！我也想過要去考試，將來好弄個官兒當當。我屢次應進士考試，但都沒有考取。只怪那群人沒眼光，不賞識我這麼大一個人才。此處不留爺，自有留爺處。一氣之下，我在牆上寫了一首詩：「待到秋來九月八，我花開後百花殺。沖天香陣透長安，滿城盡帶黃金甲！」然後扔下筆，大笑而去。

哼，長安，我一定會回來的！

最近聽到一個消息：跟我一起賣私鹽的王仙芝帶人造反了，自稱為「天補平均大將軍」。嘿，這家夥，以前賣私鹽的時候，看到官兵們嚇得就像老鼠見了貓一樣，現在居然敢帶着人造反。聽說參加的人還特別多。說起來也是，近幾個月一滴雨都沒有下，莊稼都乾死了，到處都是餓得倒在地上的百姓，官府卻不聞不問，就當沒這回事一樣。

每次在路上看到餓死的人，我心裏都很難過。如果朝廷想想辦法，這些人說不定不會死。現在朝廷不管百姓的死活，我看大家還是一起造反算了。

聽說王仙芝帶領的人打了不少勝仗，參加造反的人也越來越多。我看造反這事有戲，於是就動員家裏的親戚加入了造反的隊伍。周圍的人聽說了這件事，也都紛紛來參加。人越來越多，最後有幾萬人了。我賣私鹽的時候存了不少錢，現在就拿這些錢來買武器和糧食。

哈哈，我現在也算是一個將軍了。如果運氣好的話，說不定我還可以像唐高祖李淵一樣，嘗一嘗做皇帝的滋味呢！

王仙芝真是氣死我了，竟然被朝廷收買了。

我們從造反開始一直打勝仗，沒幾個月就打下了好幾個地方。投奔我們的人也越來越多，朝廷的軍隊根本不是我們的對手。他們覺得硬拚不行，就要花樣。在我和王仙芝帶着隊伍去攻打蘄（音同齊）州（今湖北蘄春）的時候，蘄州刺史說，只要我們不跟朝廷作對，就可以做大官。誰稀罕當官啊？現在的官員都在欺負百姓，我才不做呢。

但是王仙芝聽了這話卻動心了，準備帶着手下的人投降。我知道後

氣得肺都快炸了，衝着他大喊：「當初開始造反的時候，你可是發誓要成大事的，怎麼給你一個小小的官做就滿足了？你去做官了，跟着我們一起打仗的兄弟們怎麼辦？」

周圍的人也都七嘴八舌地罵他。我越想越氣，就衝過去打了他幾拳。他要做官就去做好了，我們從此再也不是朋友。願意跟着我的人就繼續跟隨我，殺到京城去！

長安，我黃巢終於帶着人殺回來了！

想起那一年考試失敗，我灰溜溜地離開了長安。今天，我可是被金吾將軍和十幾個文武大臣一起迎接回來的。打了幾年仗，雖然敗過幾次，但是更多的時候還是贏的多。當我帶着人馬打到長安的時候，只知道玩樂的皇帝（唐僖宗）終於知道大事不好了，派出神策軍來對付我們。不過他可不知道，神策軍裏的人大部分出身於有錢人家，是為了工資和賞賜才參軍的，平時訓練都很少，沒打過仗。一聽說要打仗，他們都嚇得差點尿褲子，沒幾天就跑了一大半。軍隊都跑了，於是田令孜帶着皇帝連夜跑到蜀地（今四川成都）去了。

起義軍進入長安時，百姓們都夾道歡迎。我向他們宣告：「我們起兵是為了拯救百姓，不像李家不愛惜你們。你們照常安居樂業，不要害怕。」起義軍將錢帛贈給窮人，還殺掉了一大批百姓痛恨的官吏。

從今天開始，請叫我皇上！今天我宣佈：唐朝被推翻了，新國號叫「大齊」。既然起了新的國號，立了新皇帝，自然以前那些舊的東西就都不能要了！那些欺負過我們的人，統統殺掉！和皇帝有親戚關係的，也要殺掉！誰敢把他們藏起來，也一律殺掉！

真是後悔啊！我做皇帝的時候派人把李儇殺掉就好了。當時還以為他跑了就沒事了。現在他又召集了很多的兵馬來攻打我們。我這皇帝的位置還沒有坐熱呢，就要帶兵去打仗了。更加糟糕的是還連着打敗仗。

仗打久了，糧食也不夠吃了，將士們都只好去吃草根，啃樹皮。打仗死了不少人，餓死的人也不少，再這樣下去，我這皇帝也是做不成了，說不定還要把命給搭進去呢！

編者按 💬 私鹽是怎麼回事？

鹽是每家每戶每天都不可缺少的東西，因此，安史之亂後，一般鹽的生產和銷售都是政府統購統銷，稱之為「官鹽」，好讓國家牟利。不允許商人私自賣鹽，誰要是敢賣私鹽，被抓到了是要砍頭的。

但是因為政府賣的鹽要繳納不少鹽稅，所以價格都很高，很多老百姓都買不起。私鹽的價格相對而言就低很多，大家都願意去買私鹽，私鹽販子就發大財了。錢的誘惑，使很多人願意冒着被殺頭的危險去販賣私鹽。

戰地報道　不投降才是傻子

朱溫本來是黃巢的一個得力助手，打過不少勝仗，但是現在他居然向唐軍投降了。這消息傳來，氣得黃巢破口大罵：「叛徒，不得好死！」也難怪黃巢會這麼生氣，神策軍打回來了，他連着吃了好幾個敗仗，正是用人的時候，朱溫卻投降了，這不明擺着要和黃巢作對嗎？

開始朱溫並沒有想過要投降，在和唐朝的將領王重榮打了幾天後抵擋不住了，於是趕緊寫信給在長安做皇帝的黃巢：「老大，你再不派人來

幫我，恐怕你以後都見不到我了！」這樣的信他一共寫了十幾封，卻一封回信也沒有收到。難道是郵差沒把信送到？其實是負責收信的人沒有把信給黃巢看。收信的人叫孟楷，和朱溫平時關係不太好，看到朱溫抵擋不住了，心裏暗暗地高興，便把信全部扣了下來。黃巢還蒙在鼓裏呢。

朱溫知道這件事後氣得直跳腳，說：「黃巢這個傻瓜，留着孟楷這樣的人在身邊，遲早要壞了大事！」等不到救兵，再看看唐朝這麼多軍隊殺過來了，再打下去自己的小命說不定也要賠上，於是朱溫和身邊人一商量，就打着白旗投降了。

記者述評　李逃逃 —— 逃跑達人唐僖宗

唐僖宗這皇帝當得真是特別窩囊，皇帝沒有當幾年，倒是逃跑了好幾次，而且像旅遊似的，去了好幾個不同的地方。

第一次是黃巢打進長安的時候，唐僖宗一看神策軍打不過，就跟着自己的乾爹田令孜日夜兼程，一口氣跑到了四川成都。黃巢被唐軍殺死之後，唐僖宗終於又回到了長安。不過這次他可沒有在家待多久。

第二次逃跑完全是由田令孜貪心不足引起的。王重榮當時管着幾個大鹽田，每一年賣鹽都賺一大筆，這些錢都裝進了他自己的口袋。田令孜看了眼紅，就對王重榮說：「夥計，我看上了你的鹽田，你最好乖乖地把它們交給我！」王重榮又不傻，這樣的事情他當然不會同意。

這下可把田令孜給惹火了，既然你不給，那我就來搶。田令孜聯合了節度使朱玫和李昌符，準備好好收拾王重榮一頓。王重榮一看這陣勢，趕緊寫求助信給在太原帶兵的李克用。李克用帶着隊伍過來，一直

打到長安，嚇得唐僖宗只好再次出逃跑到了鳳翔（今陝西寶雞）。

第三次是因為朱玫要和田令孜爭奪唐僖宗。朱玫雖然一開始跟田令孜是一夥兒的，但是後來被李克用狂揍一頓之後，就乖乖地投降了。唐僖宗這時候算是個香餑餑，誰得到了他，好處自然是少不了的。朱玫也想劫持唐僖宗，但是田令孜跑得很快，帶着唐僖宗從大散關跑到了興元（今陝西漢中）。唐僖宗等於在不少地方「旅行」了一趟。

朱玫搶不到唐僖宗，只好回過頭去，把襄王李熅（音同慍）劫持到長安做了傀儡皇帝。二十四歲的唐僖宗年紀輕輕就當了「太上皇」。

沒過多久，唐僖宗召集了不少兵馬，成功地殺回了長安。但是他的身體越來越差，沒多久就死了。

新聞報道 朋友也會反目成仇

要想在人群中找到李克用，其實特別容易，那個只有一隻眼睛的人就是他。別小看他，他可是唐朝有名的猛將。朱溫投降唐朝之後，黃巢一直咽不下這口氣，就帶着隊伍和朱溫幹上了。朱溫打不過，趕忙派人去向李克用求援。李克用特別夠朋友，很快就帶着人馬把黃巢給趕跑了。

事後，朱溫拉着李克用的手，說：「兄弟啊，我真是太感激你啦！要是沒有你，我就死定了。你今天留下來，我請你吃個飯吧！」

李克用聽朱溫這麼說，就留下來了。吃飯的時候，朱溫一個勁兒地給李克用夾菜，還不停地敬酒。李克用喝多了就開始得意起來，言語之間以朱溫的大恩人自居，說起話來很囂張。雖然他曾經救過朱溫，但是也用不着如此居功自傲，何況朱溫還比他大好幾歲呢！

當天晚上，朱溫越想越生氣：「李克用這家夥，居然敢對我這麼不客氣。今天非要給他些顏色看看！」於是半夜爬起來，帶着人把李克用住的房子給燒了。朱溫竊喜：「哼哼，沒有消防員來救你，你就等着變成烤乳豬吧！」

誰知就在這時，忽然「劈裏啪啦」下起大雨來，把火給澆滅了。李克用酒醒了一半，帶着自己的人殺了出去。從此以後，他和朱溫就成了仇人。

重大新聞 　**人肉比狗肉便宜**

宦官雖然荒唐跋扈，但畢竟還掌握着軍隊，是皇帝的可靠保鏢。朱溫圖謀不軌，想徹底殺掉那些宦官，完全控制皇帝。這個計劃被大宦官韓全誨知道了，他趕緊去找李茂貞討救兵。李茂貞就帶着幾千人去守長安，守了半年沒守住。打不過人家怎麼辦？一個字 —— 逃！反正唐朝的皇帝們經常逃跑嘛，這次唐昭宗他們逃到了鳳翔。朱溫在後面緊追不捨，追到鳳翔的時候，朱溫打不進城去，只好包圍在外面，這一圍就圍了一年多。唐昭宗被困在鳳翔城，吃東西都成了問題，只好天天喝粥，喝得人都瘦成了猴子。

皇帝吃飯都如此狼狽，老百姓就更不用說了，實在沒什麼東西可吃，最後只好吃人肉。人肉一百錢一斤，比狗肉還便宜，一斤狗肉還賣到五百錢呢！天氣又冷，又沒有吃的，到了 903 年，李茂貞實在是堅持不下去了，只好把韓全誨這群宦官殺掉，把人頭和唐昭宗當作禮物送給朱溫。朱溫這才放了他一馬。

這下可好，唐昭宗落到了朱溫的手裏，朱溫乾脆把唐昭宗給殺了。

朱溫致全國人民的一封信

全國的老百姓：

從今天起，（唐哀帝）李柷（音同觸）就不再是你們的皇帝啦！現在的新皇帝是我 —— 朱溫！

其實，我只是希望好好保護大唐的江山，但是李柷勸了我好幾次，其他人也哭着喊着求我做皇帝。為了不辜負大家的好意，我只好勉強同意這個請求，做你們的皇帝！

既然我是新皇帝，自然什麼東西都要是新的才好！現在我宣佈，我們的國號改成「梁」，首都搬到開封去！

從此以後，希望你們好好聽話，不要再想着唐朝啦！誰要是還想着恢復唐朝，我就對誰不客氣！我的話說完了，你們都給我記好了！

天佑四年（907 年）三月十五日

李柷
自述

末日挽歌

桌子上放着一杯酒，是朱溫派人送過來的。它靜靜地放在我面前，像窗前的月光一樣，閃着溫柔而又殘忍的光澤。這是一杯毒酒，整個大唐就在這杯酒裏面。只要一喝下去，所有繁華的夢，盛世的歌，以及錚錚的馬蹄聲，一瞬間就全都被葬送了。

我端起酒杯，放在唇邊，耳邊響起的是鋪天蓋地的「天可汗」的呼聲，整個世界都拜倒在太宗皇帝的腳下！

我仿佛看到了美妙絕倫的《霓裳羽衣曲》。大唐就像是怒放的花朵，開得如此美麗，如此燦爛！恍惚間，我還看到了風華絕代的詩人們留下的不朽詩篇。詩人們青衫長袍，一個個走過，如同穿行在雲端的鳥兒，有着自由的靈魂。

我還聽到了安史之亂驚天動地的軍鼓聲，擊碎了整個開元盛世的美夢。這場夢如此美好，讓人不願意醒來。

我曾無數次在黑暗中祈禱，請求上天再給大唐一些時間，讓我窮苦的子民們有機會再做一場這樣的美夢。然而，上天給我安排的角色竟然是這個朝代的終結者。和着眼淚，我慢慢喝下這杯酒。奇怪的是，比起這麼多年百姓們受過的苦，官員們受過的罪，皇帝們遭過的難，這杯酒其實一點兒都不苦。

我靜靜地坐下來，認真地回想着我記得的每一件事，我走過的每一寸土地，我住過的每一座宮殿；我想象過我的祖先們，想象他們騎在馬背上指點江山、意氣風發的樣子。他們把世代相傳的江山交到我手上，而我還給他們的竟然只是我喝下的這杯毒酒。

二百八十九年的歲月在我眼前走馬燈般走過，這裏面到底有過多少哭泣和歡笑，到底經歷過多少離別和重聚，到底經歷過多少戰爭與和平？誰料想，我和高皇帝之間，隔着近三百年漫長的、無法跨越的歲月。

二百八十九年前的一切都已經被覆蓋、掩埋，再也無人說起。今天，只剩下我一個人，對着支離破碎的江山和一束潔白的月光。

手中的酒杯跌落在地，盛世大唐近三百年的風起雲湧，就此消散了。

1. 唐僖宗的乾爹是誰？

   A. 田令孜　　B. 朱玫　　C. 王守澄

2. 「待到秋來九月八，我花開後百花殺。沖天香陣透長安，滿城盡帶黃金甲！」這首詩是誰寫的？

   A. 朱溫　　B. 黃巢　　C. 朱元璋

3. 唐哀宗的毒酒是誰送來的？

   A. 朱溫　　B. 李克用　　C. 黃巢

答案：1. A　2. B　3. A

五代十國

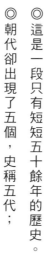

◎這是一段只有短短五十餘年的歷史。

◎朝代卻出現了五個，史稱五代；
國家出現了十餘個，史稱十國。

◎擁有實權者各自劃地為王，獨霸一方。

◎一段擁有無數血淚的歷史已經開始──

五代接力賽：皇帝輪流做

　　唐朝滅亡之後，各路英雄和狗熊都紛紛鑽了出來，你佔一個山頭，我搶一座城池，大言不慚地做起皇帝來。皇位是塊大肥肉，誰看着都眼紅，於是皇帝的位置在不到一百年的時間裏，就像走馬燈似的，在很多人手中傳來傳去。

第一棒：後梁創建者 —— 朱溫

　　朱溫是窮人家的孩子，自幼喪父，沒人管他，幼年專門做些偷東西、搶錢的事。二十五歲那年參加了黃巢的起義軍，開始造唐朝的反。

　　他腦瓜好使，運氣也不錯，跟着隊伍打仗不但沒死，反而立了不少的戰功，成為響當當的大功臣。不過他也有遇到困難的時候。有一陣子，朱溫帶兵打仗，接連吃了幾次敗仗，急得他一天到晚給黃巢寫信：「大哥，你要是還不來救我，我怕見不到明天的太陽了！」

　　那時，黃巢自己都快保不住了，哪有精力管朱溫的死活。朱溫於是一咬牙一跺腳，投降了唐朝，這下可把黃巢氣得鬍子一翹一翹的。

　　朱溫投降後，也沒有安心工作。等到黃巢死了，他又一次背叛 ——接替了黃巢的位置，轉過頭和唐朝又成了死對頭，真是典型的亂臣賊子。

　　接下來，朱溫開始清除那些對他有威脅的人，他的目標是想要做皇帝。不管是朋友還是敵人，只要是阻礙他當皇帝的人，通通都得死！

　　幾年下來，朱溫總算是把看不順眼的人通通都給幹掉了。至於唐朝的皇帝他更是沒有放在眼裏，於是便在汴州（今河南開封）建立了後梁，大搖大擺做起皇帝來。

　　做了皇帝的朱溫開始飄飄然找不到自己了。他好事做得不多，壞事倒是做了一籮筐，最後死在了自己的親生兒子手裏。

第二棒：後唐創建者 —— 李存勖（音同序）

李存勖的爹是唐朝的名將李克用。他受過高等教育，兵書、音樂，甚至是演戲，都不含糊。

而且，他也是個聽話的好孩子。老爹李克用死前給了他三支箭，每支箭代表一件事要他去完成。第一件事是殺了劉仁恭，把幽州搶回來；第二件事是北方的契丹族實在可恨，要給他們點顏色瞧瞧；第三件事就是殺掉朱溫。朱溫和李克用連年交戰，李氏只剩下太原一隅之地。

李存勖用了幾年時間，完成了這三件事，在洛陽做起皇帝來。他說自己的家族被唐朝賜姓為李，算是李家子孫，所以國號仍然叫唐，歷史上稱為後唐。爹爹交代的事情完成了，皇帝也當上了，於是開始做起演員來。他整天不理國事，只愛在舞台上化妝唱戲，還盲目聽信身邊宦官的話，殺了幾個大功臣。後來軍鎮發生叛亂，李存勖準備平叛，反而在京城死於兵變。然後，大將李嗣源被叛軍擁戴當上了皇帝。

第三棒：後晉創建者 —— 石敬瑭

石敬瑭是一個驍勇善戰的將軍，多次幫助過李嗣源。李嗣源做了皇帝之後，石敬瑭自然也跟着吃香的、喝辣的了。

可李嗣源死了之後，石敬瑭的日子就沒有那麼好過了。新皇帝李從珂見石敬瑭有那麼多部隊，心裏總是有點擔心和戒備。面對皇帝的猜疑，石敬瑭心裏也不爽，便找機會試探皇帝，說：「我年紀大了，身體也不好，這兵權也不要了，想去一個清閒一點兒的地方去養老，要不您就讓我退休吧。」皇帝聽了這話，心裏早就樂開了花，於是就滿口答應下來。

這下可把石敬瑭惹火了：「哼，我就是試探一下，你還當真了？我要是沒有了兵權，你還不把我給殺了？乾脆反了算了。」石敬瑭一造反，皇帝馬上派部隊來鎮壓。石敬瑭給北方的契丹族寫信求助：「只要你們來幫我，我以後一定把你們當親爹對待。等我勝利之後，還割幾塊地給你們。」

契丹的老大耶律德光覺得這買賣不錯，馬上就答應了下來，不僅幫助他把敵人打敗，還冊封他做皇帝，國號為晉，史稱後晉。石敬瑭對契丹那是要什麼給什麼。作為回報，稱呼契丹皇帝為「父皇帝」，自稱為「兒皇帝」；還把北方的燕雲十六州作為禮物送給契丹；每年除了送三十萬匹布料，遇到什麼好吃的、好玩的，都要給父皇帝孝敬一份過去。

石敬瑭對契丹那是百依百順，但是對待老百姓，卻完全是另外一副面孔，搜刮起東西來毫不手軟，很快就把天下的老百姓都給得罪了。

不久，出了一件大事。吐谷（音同浴）渾是一個遊牧民族，沒事就騎着馬在各地遷徙。契丹看不慣，一心想降服他們。誰知道吐谷渾的酋長不願意，就帶着人跑到石敬瑭手下的一個大將軍劉知遠那裏請求收留。契丹人看吐谷渾不願意投降自己，倒願意投降劉知遠，非常生氣，派人過來向石敬瑭問罪，要他把吐谷渾交出來。石敬瑭不敢得罪手握重兵的劉知遠，更不敢得罪契丹這個父皇帝，他在兩難間整天提心吊膽，心裏鬱悶至極，以致吃不下睡不着，不久就得病死了。

很快，後晉就被父皇帝契丹給滅掉了。

第四棒：後漢創建者 —— 劉知遠

說起來，劉知遠還是後晉皇帝石敬瑭的救命恩人呢。石敬瑭對劉知遠感激得眼淚一把鼻涕一把，於是讓救命恩人做了自己的兵馬總管，兵啊，馬啊，都歸他管。

誰知道劉知遠做了兵馬總管之後，不管哪裏打仗，從來不上手真打，而是跟在別人屁股後面搶人、搶武器、搶錢財，尋找機會壯大自己，好將來做皇帝。

契丹把後晉消滅之後，劉知遠對手下的人說：「這些契丹人最多就是來搶點東西，他們大部分是塞北人，不適應中原的氣候，遲早是要回老家的。等他們走的時候，我們再找機會進攻。這樣一來，天下就是我們

的了。」

這點還真讓他給猜對了。契丹在中原燒殺搶掠，見什麼要什麼，老百姓早就看不下去了，紛紛起來反抗。契丹的老大耶律德光有點兒害怕，擔心到時候要是真打起來，自己的小命不保，於是就讓舅舅蕭瀚守住開封，自己帶着人馬回東北老家去了。

蕭瀚同樣也是個膽小鬼，不知道他從哪裏把後唐皇帝李嗣源的兒子李從益找來，讓他做了傀儡皇帝，自己撒腿就跑了。想做皇帝想瘋了的劉知遠自然不會放過這個傀儡皇帝，便派人過去把他殺了，自己當上了皇帝，假稱自己是漢朝皇帝的後代，國號仍然叫漢，史稱後漢。

第五棒：後周創建者 —— 郭威

在這五代的創建者中，郭威算是大大的好皇帝了。因為他出身貧寒，吃過不少苦，所以做了皇帝之後，特別關心百姓疾苦，誰要欺負老百姓，他就跟誰急。這樣總算是讓生活在水深火熱中的老百姓有機會喘一口氣了。

郭威這皇帝的寶座也來之不易。五代時期整天打仗，不管你願意也好，不願意也罷，只要上頭一聲令下，無論是誰都得乖乖上戰場。郭威也不例外。他在戰場上奮勇殺敵，憑着自己的聰明和努力，加上又讀過一點書，很快就做了大官，掌握了兵權。一個人如果大權在握，皇帝一定非常擔心。

這麼多兵馬掌握在郭威手裏，皇帝真是睡覺都睡不好，於是動了殺心。郭威也不是傻子，你想殺我，門兒都沒有。有一個人給郭威出了個主意：做一份假的皇帝詔書，假裝是皇帝讓自己去殺死所有立過功的將領。這事傳了出去，那些將領們一個個氣得跳了起來，破口大罵皇帝：「我們給你賣命，你倒好，想要殺了我們。我們也不是這麼好欺負的，跟你拚了！」

將領們和郭威聯合起來，三下五除二就把後漢給推翻了，立了郭威做新皇帝，國號周，歷史上稱為後周。

獨家新聞　「南方學校」的各位「班主任」

此時，中國北邊正在進行着危險的「接力賽」，南方和山西地區的各位有實權者也不示弱，他們拿出看家本領，在「南方學校」各自搶佔地盤，競聘「班主任」。「學校」雖然維持了不到八十年的時間，卻先後產生了十個著名的班級（實際不止十個）。每個班級都像一個獨立的王國，有着自己的管理手冊，他們分別是吳、吳越、楚、閩、南漢、前蜀、南平、後蜀、南唐、北漢。

國號	起止年代	建立者	都城
吳	902-937	楊行密	揚州
吳越	907-978	錢鏐	杭州
楚	907-951	馬殷	長沙
閩	907-945	王審知	福州
南漢	907-971	劉隱	興王府（今廣州）
前蜀	907-925	王建	成都
南平（荊南）	924-963	高季興	江陵
後蜀	934-965	孟知祥	成都
南唐	937-975	李昪（即徐知誥）	金陵（今南京）
北漢	951-979	劉崇	太原

李煜不適合做國君的若干理由

南唐後主李煜（音同玉）死了，結束了他悲劇的一生。李煜雖然有文才，但要做一個明君，還是遠遠不夠。

理由一：李煜自己對做國君沒興趣。

李煜有個哥哥，被立為太子。李煜樂得清閒，整天在家寫字畫畫，吟詩作對，沒事就帶一幫人出去遊山玩水，小日子過得很悠閒。他給自己取了很多的號：「鐘峰隱者」「蓮峰居士」，這說明他根本就不想做國君。

理由二：他的性格不適合做國君。

太子忽然得病，一夜之間就死了。這下就算李煜不想做太子，也無計可逃了。這時候有人對李煜的爹說：「李煜這個人，品德不好，膽子又小，不是做國君的材料。我看還是換一個吧！」聽人這麼說自己的兒子，李煜他爹大發脾氣，當場就把這個人臭罵了一頓。

而事實上，李煜的確不喜歡管理那些讓人頭疼的國家大事，倒喜歡看人唱歌跳舞，與人高談闊論。這樣的人，怎麼看都不像個好國君。

理由三：時代太亂了，
不愛打仗的人都不適合做國君。

李煜是個大才子，毛筆字寫得一級棒，還特別懂音樂，隨便畫個畫也是大師級水平；至於寫詩做文章，那更是頂呱呱。可是李煜不擅長打仗，五代十國可不是鬧着玩的，整天打打殺殺，像李煜這種文人，怎麼

應付得了呢？

　　曹彬進攻南唐的時候，李煜多次派人送禮請求退兵，宋太祖不許，同時也命令前線多次停止進攻，給李煜投降的機會。南唐軍多次失敗，終於李煜在金陵城破後投降了，被宋太祖封為「違命侯」。

人物專題　我雖然醜，但我才高八斗

　　羅隱是個大才子，但是他長得非常醜。不過這也不能怪他，長成這樣也不是他的錯。再說也沒有規定說大才子就一定得是大帥哥呀。

　　因為長得醜，羅隱還錯過了一個大美女。唐朝宰相鄭畋（音同田）有個寶貝女兒，天天讀羅隱的詩，都讀出相思病來了，一心要嫁給羅隱。誰知道有一次她偷偷看見了羅隱的真面目，嚇得差點暈過去，之後就再也不提要嫁給羅隱的事了。

　　羅隱長得醜，脾氣也不好，特別喜歡罵那些當官不做事的人。這個臭脾氣要想別人喜歡他，實在是有些難。所以一肚子才能的羅隱，考試總是考不中，最後連飯都吃不飽，只好去投奔當時的魏博軍節度使鄴王羅紹威。

　　投奔別人他還一臉的傲氣，說自己是羅紹威的叔叔。要是換了別人，早就被拖出去殺了，但羅紹威倒不生氣，還笑眯眯地說：「羅隱有才，我能給他做侄兒也不錯。」羅隱在羅紹威那裏混吃混喝了幾個月，提出要去杭州找工作。羅紹威送了他不少錢，還寫了一封介紹信給杭州當地的老大錢鏐（音同流），讓他好好對待自己這位「叔叔」。

　　錢鏐也愛惜羅隱是個人才，就把他留在身邊做參謀，沒事給自己出

出主意。順利找到工作的羅隱沒幾天又開始犯臭脾氣了。當他知道錢鏐每天都要當地的百姓給他送魚吃，立馬寫了一首詩：「呂望當年展廟謨，直鉤釣國更何如。若教生在西湖上，也是須供使宅魚。」意思是說，按照錢鏐這個規定，當年姜子牙這樣的賢人，恐怕也要天天去釣魚給他吃了。

錢鏐實在是有氣量，看了這首詩，不但沒有生氣，反而哈哈大笑幾聲，隨即取消了送魚的規矩。

有一回，朝廷給錢鏐升了官，讓他做節度使。錢鏐找人寫了封感謝信給皇帝，信裏面把浙江一帶誇得像花兒一樣美好。羅隱看了大手一揮，把信給撕碎了，說：「朝廷現在窮瘋了，你信裏還說浙江富得流油，到時候徵稅的時候，還不狠狠收你一筆錢？」

於是羅隱重新寫了一封，在信裏面使勁兒哭窮，其中有一句：「天寒而麋鹿常遊，日暮而牛羊不下。」就是說這個地方連動物都這麼可憐了，更不用說人有多難了。皇帝看了有些不忍心，於是免了浙江那一年的稅收。

看來羅隱不僅是個大才子，還是一個非常有心眼兒的人。

七嘴八舌　大家眼中的周世宗柴榮

後周皇帝郭威　柴榮的姑媽是我的老婆，所以他也算是我的侄子。柴榮從小就和我們住在一起。別看他年紀小，做起事情來卻比大人還好。

我們家那時候還沒什麼錢，柴榮就一邊讀書練武，一邊跟人去做茶葉生意，賺錢來補貼家用。唉呀，這些我是看在眼裏，喜在心上。這樣的小夥子難得啊，我要認他做兒子。

我成為皇帝之後，柴榮一直輔佐我，誰見了都要豎起大拇指誇一下。我就想，以後讓他接我的班吧，他一定會是一個好皇帝的。

　　左諫議大夫王朴：郭威死了之後，柴榮做了皇帝。有一天，柴榮問我：「聽說你擅長算命，那你給我算算，我能做幾年的皇帝？」

　　我一聽這話，心裏就想：哼，原來你也和其他皇帝一樣，想長命百歲啊！我給他算了算，說：「大概也就三十年吧。」我以為他會大發脾氣，誰知道他很高興地說：「如果真的像你說的那樣，那我用十年開拓天下；十年來安撫老百姓；剩下的十年，可以讓天下太平了。」

　　這話可真是出乎我的意料！原來他並不是想長命百歲的人。接着幾年，他果然按照自己說的那樣去做了。看來，是我想錯了。他其實是一個好皇帝！

　　禁軍將領：我們的皇帝即位才幾天，做皇帝的癮還沒有過夠咧，北漢和契丹就帶着人打過來了。你猜怎麼着？皇帝柴榮居然帶兵親征。哎喲，那可不是鬧着玩兒的！刀劍無眼，萬一犧牲了，那皇帝就做不成了。但就是他這股不怕死的精神，大大地鼓舞了我們。這一仗我們居然以少勝多，打贏了！之後柴榮就大力改革禁軍，他把臨陣脫逃的侍衛親軍七十多名將校全部誅殺；還把地方上的勇士招募進來，親自選拔，靠關係的老弱全被裁退。我們禁軍打仗非常厲害，已經成了一支可靠的武力。哈哈，咱這皇帝真是厲害！

　　柴榮身邊的大臣：要說我們這位皇帝，那膽子可真是大。這不，他做皇帝才幾年，很快就把經濟發展上去了。尤其是首都開封，到處都是人和房子，堵車的情況也時常發生。上次我們走親戚，早上出發，結果堵在路上了，一直到第二天才到。這樣的情況皇帝柴榮知道後，他便下令把開封城的違章建築統統拆掉，城裏的墳墓佔地面積太大，要求全部遷到城外去。

這個命令一出，那可真是炸開鍋了，都城上下都議論紛紛，讚歎的有，罵人的也有，總體來說，罵人的佔大多數。

皇帝對我們說：「我知道，這樣做很多人在罵我，但現在的情況你們也看到了，就算我不做，以後也要有人來做。我現在做了，後來的人就輕鬆了。」

浪漫的吳越國君

最近從浙江吳越國流傳出一個很浪漫的宮廷故事，據說橫刀立馬、南征北戰的吳越王錢鏐，居然有着溫柔的一面。宮女們最近只要一談到這件事，都會兩眼冒紅心：「哇，錢鏐可真是一個浪漫的君主呀！」故事是這樣的：

吳越王錢鏐的王妃是臨安人，因為離家比較近，所以每年的寒食節前後都要回娘家看望爹媽。今年王妃又回家去了。這一次回去，很久都沒有回來，眼看着各種各樣的花兒都開了，春天也要過去了。

於是錢鏐就寫了一封信給王妃，信中說：「陌上花開，可緩緩歸矣。」意思就是說，田野裏面的花兒都開好了，你可以慢慢看花，不必急着回家。

注：吳越國（907年—978年）是五代十國時期的十國之一，由錢鏐所建。都城為杭州。強盛時擁有十三州疆域，約為現今浙江全省、江蘇東南部和福建東北部。

1. 被後晉皇帝石敬瑭稱為「父皇帝」的是哪個少數民族
   政權的皇帝？
   A. 契丹　　B. 匈奴　　C. 鮮卑

2. 周世宗柴榮是後周太祖郭威的什麼人？
   A. 侄子　　B. 親生兒子　　C. 弟弟

3. 五代十國的五代排序，下列哪一項是正確的？
   A. 漢唐周梁晉　　B. 周梁漢晉唐　　C. 梁唐晉漢周

答案：1.A 2.A 3.C

中國歷史報

隋唐五代十國

責任編輯　黃　帆
裝幀設計　黃安琪
排　　版　沈崇熙
印　　務　劉漢舉

主編
李樹芬　譚海芳

編寫
吳旦旦

出版
中華書局（香港）有限公司
香港北角英皇道 499 號北角工業大廈一樓 B
電話：（852）2137 2338　傳真：（852）2713 8202
電子郵件：info@chunghwabook.com.hk
網址：http://www.chunghwabook.com.hk

發行
香港聯合書刊物流有限公司
香港新界大埔汀麗路 36 號
中華商務印刷大廈 3 字樓
電話：（852）2150 2100　傳真：（852）2407 3062
電子郵件：info@suplogistics.com.hk

印刷
美雅印刷製本有限公司
香港觀塘榮業街 6 號海濱工業大廈 4 樓 A 室

版次
2019 年 1 月初版
©2019 中華書局（香港）有限公司

規格
16 開（170mmX240mm）

ISBN
978-988-8571-86-4

本書繁體字版由中國少年兒童出版社授權出版。